OPEN

Isalou Regen

OPEN

S'ouvrir à soi, aux autres et à la vie pour vivre plus heureux et plus fort

Albin Michel

Santé, bien-être, vie quotidienne, cuisine,
parentalité, psychologie,
développement personnel, nature, loisirs et plus encore…

Suivez-nous sur Instagram :
@albinmichel_et_moi

SOMMAIRE

INTRODUCTION

Vous avez envie d'être plus heureux, n'est-ce pas ? Comme nous tous…

La quête du bonheur est une longue aventure dont l'issue tient parfois du miracle, mais il est possible d'emprunter un chemin de traverse pour réussir à être heureux, ici et maintenant, quelle que soit la situation. La clé pour y parvenir ? Être *open*, c'est-à-dire ouvert ! Ouvert à soi, à l'autre, à la situation, à l'amour, à la vie et à son mouvement.

L'ouverture est LA première porte d'accès immédiate au bonheur.

Et il suffit d'un « clic » à l'intérieur de soi…

Open est une ode à la vie, à ce qu'elle a de plus beau, de plus galère aussi, et de plus surprenant. La coïncidence est étrange : je termine l'écriture de ce livre sur les pouvoirs de l'ouverture tandis que nous entamons une période inédite de notre histoire, dans laquelle la fermeture est de règle, collectivement puisque franchir les frontières est temporairement problématique, et individuellement car chacun de nous est invité à restreindre ses déplacements hors de son *home sweet home*.

Curieux contraste ou *timing* providentiel au contraire ? À vrai dire, je pense qu'il s'agit d'un cadeau de la vie bien déguisé. Écrire sur l'ouverture en pleine période de confinement et de couvre-feu m'a offert l'opportunité d'un enseignement accéléré sur sa puissance et ses bienfaits. Des portes jusqu'alors invisibles à mes yeux se sont ouvertes, que j'ai plaisir à partager avec vous aujourd'hui.

Oui, la vie nous rappelle à chaque instant qu'elle n'est pas un long fleuve tranquille, et qu'elle joue plutôt sur des alternances tumultueuses – jour/nuit, hauts/bas, joie/peine, fermeture/ouverture… D'ailleurs, nous expérimentons très tôt ce balancement entre équilibre instable et déséquilibre, dès l'enfance en réalité, dès nos premiers pas suspendus. Aussi, quand tout va bien, nous sommes en mode sécurité, contents, nous nous ouvrons, et le monde s'ouvre avec nous. Lorsque, au contraire, le monde ne tourne pas comme nous le souhaitons, alors, insatisfaits, nous passons en mode défensif et rentrons dans notre coquille comme un petit escargot.

Ballotés que nous sommes par les mouvements de cette alternance, le bonheur demande un gros effort et il semble plus facile d'être malheureux que d'être heureux. Il faut chercher les raisons de ce phénomène dans la programmation naturelle de survie héritée de nos charmants ancêtres préhistoriques qui devaient faire face aux tigres à dents de sabre et autres animaux féroces. Nous sommes davantage programmés pour la survie que pour le bonheur. Alors savoir dépasser les fameux cycles d'alternance de notre monde en mutation – chaud/froid, guerre/paix, croissance/récession – nécessite un peu de courage et une grande force intérieure… pour se responsabiliser, se prendre en charge, sortir de la victimisation, effectuer un travail de connaissance de soi, de pacification mentale et de gestion des émotions.

Une chose est certaine : il est urgent d'intégrer au plus profond de nous cette loi d'alternance, et de faire preuve d'une ouverture éclairée. Parce que travailler l'ouverture donne de formidables pouvoirs : celui de nous faire gagner du temps et de l'énergie. De mettre à distance notre fonctionnement de survie et de transformer le plomb en or, le chaos en opportunité. De nous mettre à la page de l'adaptation et de l'anticipation, et ainsi de rendre fertile et heureux ce que l'on a entre les mains.

Atouts et bénéfices très précieux aujourd'hui, puisque nous vivons des périodes objectivement difficiles.

L'ouverture n'est pas une pilule magique qui fait disparaître les problèmes que nous devons affronter, mais elle nous aide à mieux les vivre et à maintenir un esprit positif, un cœur tendre et confiant.

De mes nombreuses périodes de chaos, j'ai appris une chose : c'est en faisant appel à l'ouverture que je suis parvenue à m'en sortir, à me transformer de l'intérieur en une personne plus sereine, plus forte, plus libre et plus heureuse. Pratiquer l'ouverture jour après jour a produit d'innombrables changements extérieurs également dans ma vie. Détente, sérénité, harmonie, joie, confiance, initiative, enthousiasme, partage, amour… tout cela vient d'elle.

Le pouvoir de l'ouverture, c'est sa capacité de transformation heureuse.

Elle est le meilleur antidote à nos fonctionnements négatifs et défensifs, et la première porte d'accès au bonheur. Pourquoi ? Parce qu'elle nous connecte à deux énergies ultra puissantes qui nous démultiplient et nous donnent de l'élan : **l'énergie de vie, avec son mouvement, et l'énergie d'amour.**

Ce que je vous propose dans *Open*, c'est de vous accompagner à la rencontre de ces deux énergies pour une vie plus riche et accomplie. Cette quête s'effectuera en trois mouvements au parfum d'alternance, et en trois rendez-vous pratiques qui vous permettront d'ancrer l'ouverture dans votre vie.

Premier mouvement : explorer la fermeture

Il s'agira de chercher à **comprendre** d'où nous partons, et pourquoi nous sommes le plus souvent et naturellement fermés. Ces bases de compréhension seront nécessaires pour enclencher par la suite le mouvement d'une plus grande ouverture.

Deuxième mouvement : cheminer vers l'ouverture

L'objectif sera ici de **rencontrer** l'ouverture et de se familiariser avec elle. De prendre conscience de l'immense potentiel qu'offre cette énergie d'esprit et de cœur. Sur quoi nous ouvre-t-elle exactement ? Et comment se donner la possibilité d'accueillir un nouvel état intérieur qui nous permet de vivre plus en harmonie avec le chaos, de façon plus libre, plus sereine et plus solide ?

Troisième mouvement : ancrer la transformation

En trois rendez-vous, je vous apporterai des informations, des conseils, des exercices pratiques qui vous permettront de **prendre connaissance et d'expérimenter vos principaux outils de transformation intérieure** : l'ouverture de cœur et l'ouverture d'esprit.

– Premier rendez-vous : **ouvrez votre esprit**. #openyourmind

– Deuxième rendez-vous : **ouvrez votre cœur**. #openyourheart

– Troisième rendez-vous : transformez-vous grâce à **3 rituels d'ouverture**. #openrituals

Et parce que nous sommes continuum, succession de moments et d'expériences mis bout à bout, libre à vous, à chaque instant, de vous ouvrir à la vie, à l'amour, à la joie et aux possibles. Tout est jouable à chaque seconde.

Il suffit d'un « clic » à l'intérieur… *Open !*

Bienvenue dans la magie de l'ouverture. Il vous reste à la déc**OUVRIR**, à la pratiquer et à la savourer.

À chaque instant de cette nouvelle aventure avec vous-même, je serai en pensée de tout cœur avec vous. Douceur et confiance.

#beopen
#behappy

Premier mouvement : **explorer la fermeture**

À la rencontre de la fermeture

Pour arriver à bon port, il faut souvent faire un détour. Ainsi, pour entrer dans le champ illimité de l'ouverture, la voir, la « travailler » et l'installer petit à petit dans nos manières d'être et de vivre afin d'être plus en lien, heureux et maître de notre destin, nous allons devoir rencontrer son opposé : la fermeture. Car nous ne pourrons cheminer vers l'ouverture que si nous comprenons en quoi consiste la fermeture « en nous ».

C'est donc en partant de la reconnaissance tendre et lucide de nos petites et grandes fermetures intérieures que nous pourrons entreprendre un chemin vers une plus grande ouverture de cœur, d'esprit et de conscience, comme un oiseau sortant de sa cage, ivre d'une nouvelle liberté.

> « La fermeture, c'est clore un chapitre de son livre de vie pour aller vers l'ouverture d'un nouveau chapitre avec la connaissance de ce que nous ne voulons plus. »
>
> Catherine, groupe des Insiders, Facebook

Certes, l'idée de notre propre fermeture n'est pas forcément évidente à accepter, parce que nous avons tendance à nous considérer comme une personne relativement ouverte, sympa et positive ; mais force est de constater que, vu ce que nous pouvons ressentir parfois – contrariété, irritation, anxiété, tristesse, jalousie, colère, solitude, etc. –, vu les relations conflictuelles ou douloureuses que nous entretenons parfois, nous ne sommes finalement pas si « ouvert » que cela !

Force est de constater que nous ressemblons plus à un petit royaume sur la défensive, enfermé dans ses propres peurs, ses jugements, ses croyances, ses certitudes et ses résistances face à la vie, à l'amour et au changement, qu'au festival de *Burning Man*[1], dans lequel règnent la joie, les valeurs d'inclusion, de communion et de partage.

Être fermé, c'est quoi au juste ?

Au niveau purement sémantique, le mot « fermeture » désigne soit l'action de fermer, soit le dispositif permettant de fermer quelque chose, soit l'état même de ce qui est fermé. Lorsqu'il y a fermeture, il y a suspension du mouvement, interruption de ce qui avait cours, cessation de l'activité, arrêt de la circulation, séparation des mondes. Le courant se bloque, la transmission se rompt, les portes et les frontières se ferment, et chacun reste chez soi avec ses idées, ses représentations, ses vérités, ses façons de faire, d'être, etc. C'est le « j'ai raison et tu as tort », le « c'est comme cela et pas autrement ». Les vingt-neuf synonymes de « fermé », d'« aveugle » à « sourd » en passant par « cadenassé, énigmatique, hermétique, hostile, impénétrable, inintelligent (aïe, ça fait mal !), intraitable, réfractaire et snob », montrent tout ce que cet adjectif porte en lui de négatif, voire d'invalidant. Aveugles et sourds, nous avons ainsi toutes les chances de rester douloureusement enfermés dans notre citadelle intérieure…

> « La fermeture, pour ma part, fait écho au mal-être, à la souffrance de l'âme, tandis que l'ouverture est synonyme de renaissance, de liberté. »
>
> Marly, groupe des Insiders, Facebook

1. *Burning Man* est une incroyable rencontre festive et artistique dans le désert du Nevada, qui réunit plus de 78 000 personnes de tous horizons pendant neuf jours. Ses principes : l'inclusion, le don, l'effort commun, la culture du moment présent…

Quant aux verbes d'action et de comportement qui renvoient à l'idée de fermeture, ils peuvent prendre de multiples expressions : « bloquer, borner, ressasser, empêcher, critiquer, contrôler, attaquer, médire, détester, parler contre, diviser, juger, râler, condamner, pinailler, dédaigner, malmener, maltraiter, jalouser, envier, interdire, obstruer, verrouiller, se disputer, vouloir avoir raison à tout prix, se méfier, manipuler... »

En réalité, ces attitudes rendent la fermeture très visible et facile à repérer... surtout chez l'autre ! C'est bien connu, comme le dit le proverbe, on voit beaucoup mieux la paille dans l'œil de son voisin que la poutre dans le sien. On peut ainsi aisément identifier la fermeture lorsqu'on se trouve face à une personne désagréable, peu aidante ou souriante, voire agressive, qui réagit le plus souvent avec des réactions d'attaque ou de défense.

Comment repère-t-on que c'est fermé ?

Prenons un support d'illustration commode et sexy : le cinéma. Il est le fidèle reflet de nos fonctionnements, mais avec un effet loupe – puisque tout doit être montré et raconté sur une durée relativement courte – bien commode pour saisir et analyser les traits des personnages, et surtout leur impact direct sur l'existence de chacun.

Si je vous demandais de penser à un personnage fictif de cinéma évoquant la fermeture, quel nom vous viendrait à l'esprit ? Personnellement, je pense immédiatement aux personnages souvent interprétés par le comédien Jean-Pierre Bacri, qui campait avec un talent particulier des personnages grincheux, colériques, antipathiques et serial-râleurs. Fermés, quoi ! Je pense aussi à Jack Nicholson dans *Pour le pire et pour le meilleur*, avec son rôle d'écrivain misanthrope champion de la dérision, qui évite ou massacre frénétiquement toute amorce de contact humain positif. Ou encore à Tsilla Chelton dans *Tatie Danielle*, grand-tante tyrannique, odieuse, mesquine, capricieuse, pourrissant d'un flot de méchanceté toutes les personnes qu'elle croise sur son chemin, et réservant son peu de gentillesse à son défunt mari et à son chien.

Si, sur grand écran, ces personnages qui mettent en scène des versions enflées, amplifiées, exagérées de nous-même peuvent nous amuser par leur côté théâtral, grossier, romanesque et attachant, ils nous semblent beaucoup plus pénibles et nettement moins sympathiques dans la réalité de notre vie quotidienne…

Qu'ont-ils tous en commun ? Ils sont sur la défensive, en mode protection, et disent « non » d'une manière ou d'une autre. Ils sont arrêtés, ils jugent, se braquent, se recroquevillent, médisent, critiquent… jusqu'à en devenir vraiment méchants et finalement assez seuls ! Foncièrement refermés sur eux-mêmes, ils sont suspendus dans leur processus d'évolution et de développement, arrêtés tel un disque rayé sur des points de vulnérabilité, de colère, de ressentiment, de blessures, de susceptibilité, de rancœur, de rivalité… Arrêtés par leurs propres obstacles intérieurs, comme les rochers, les troncs, les branches peuvent entraver le cours naturel d'une rivière. Arrêtés dans la fluidité du partage avec l'autre.

Nous connaissons tous un casse-pied perpétuellement sur la défensive et cassant, ou une enquiquineuse dont la négativité nous fait tourner en bourrique. Face à eux, notre premier réflexe est souvent, avouons-le, de prendre la situation de manière personnelle et de laisser jaillir un jugement rapide, brutal et pas franchement amical du genre : « Mais quel(le) con(ne) ce mec / cette nana ! ». Le tout accompagné d'émotions et de réactions pas vraiment compassionnelles, voire relativement agressives. Ainsi, nous obtenons le parfait cocktail explosif pour provoquer tensions, retranchement, distance, conflits et complet ratage relationnel.

« Fermeture : une porte close à toute nouvelle relation. J'en ai envie mais mon esprit me dit "n'y va pas, ça ne mènera à rien". »

Arnaud, groupe Insiders, Facebook

Explorer ses propres processus de fermeture

En mode *selfie*

Ma rencontre avec le maître tibétain le Ve Sabchu Rinpoché a été décisive pour moi. Au cours de ce travail d'exploration que nous avons réalisé ensemble dans le cadre de l'écriture de mon livre *Je voulais te dire I love you* sur la véritable nature de l'amour – hors représentations culturelles –, j'ai dû me décentrer de ma culture occidentale judéo-chrétienne et suivre une logique et un mode de pensée différents, ceux de la pensée bouddhiste.

De la même manière que la pensée stoïcienne d'interprétation et de compréhension du monde distingue ce qui dépend de nous (nos pensées, nos jugements, nos désirs et notre volonté, notre vie spirituelle…) de ce qui ne dépend pas de nous (les éléments extérieurs, la météo, les catastrophes naturelles…), la pensée bouddhiste opère, d'une certaine façon, le même type de distinction. Dans le travail de libération des souffrances liées à l'existence, le bouddhisme fait en effet une distinction entre le « je », le « moi », sur lequel je peux avoir une action et effectuer un travail de connaissance et de développement personnel, et le « tu », c'est-à-dire l'autre, sur lequel je n'ai absolument aucun pouvoir (même si, dans cette conception spirituelle, nous sommes *in fine* tous semblables et nous rejoignons tous dans un grand tout non différencié. Mais c'est une autre histoire !).

Dans cette posture de responsabilité personnelle en lien avec la loi de cause à effet, autrement appelé le karma, chacun est responsable de soi et le centre de son propre univers. Chacune ou chacun est le souverain, la reine ou le roi de son propre royaume[2].

« Si je vous demandais d'aller au centre de l'univers, où iriez-vous ? Où est le centre de l'univers ? Personne ne le sait. Mais, où est le centre de votre propre existence ? C'est vous-même n'est-ce pas ! Donc on commence toujours par le centre de son propre univers : notre royaume. Et qui est la reine de ce royaume ? Vous êtes la reine ! Alors commencez par la reine[3] ! »

Parce que nous ne pouvons jamais résoudre les problèmes situés en dehors de nous, le travail ne s'effectue jamais sur l'autre ou les autres mais sur nous d'abord, en partant de l'intérieur. C'est d'ailleurs pour cela que le mot tibétain pour dire « bouddhiste » est *nangpa*, qui signifie « ceux qui regardent à l'intérieur ».

Regarder à l'intérieur, c'est tout le cœur de la démarche de réalisation de soi. C'est apprendre sur soi-même, s'améliorer et devenir ensuite plus inspirant pour les autres. Voilà le scénario parfait ! Ainsi, pour aller à la rencontre de notre royaume et de la reine ou du roi que nous sommes, il faut **effectuer une prise de recul volontaire, tourner le regard vers soi et s'observer soi-même en train de penser, d'agir, de réagir...** comme si l'on était son propre témoin. C'est la première étape.

Il s'agira ensuite d'opérer un changement de posture important : il faudra partir de « l'importance » de soi et aller vers la « conscience » de soi. Voyez-vous le déplacement à opérer ? Il

2. *Karma* est un mot sanskrit qui signifie « action ». Selon les enseignements bouddhistes, c'est un cas particulier de la loi de cause à effet, dans laquelle toutes nos actions sont des causes, et toutes nos expériences sont des effets de ces causes. Le karma désigne tous les actes que nous avons accomplis, que nous accomplissons et que nous accomplirons, motivés par les différents états d'esprit qui nous traversent. Le karma, c'est donc le processus qui nous fait expérimenter les conditions que nous rencontrons, qu'elles soient heureuses ou malheureuses. Ce pourquoi il est essentiel de travailler sur notre propre esprit pour nous défaire progressivement de l'emprise des événements, et les approcher de manière plus constructive et créative. Le karma n'est pas une fatalité !
3. Isalou Regen & Sabchu Rinpoché, *Je voulais te dire I love you*, Rabsel Éditions, 2018.

s'agit d'adopter une posture de distance par rapport à la représentation de soi-même : c'est toute la **différence entre être centré sur soi et être conscient de soi**, de sa vraie dimension. C'est la seconde étape.

Être centré sur soi = importance de soi-même, fermeture et dogmatisme.

Être conscient de soi = ouverture sur soi-même, point de départ de la démarche.

Donc on retourne l'objectif et on adopte le mode *selfie* : on se place soi-même au centre du viseur, non pas dans le cadre d'une démarche narcissique, mais par souci de mieux se connaître.

Il faut garder en tête que le point commun entre nous et l'autre (avec ses défauts que nous pouvons observer, ses manquements, ses erreurs, ses petitesses, etc.), c'est notre regard ! Notre façon de voir et de relever ceci plutôt que cela nous appartient entièrement.

> « Le mot "fermeture" évoque un sentiment d'oppression, à l'inverse d'"ouverture", qui me permet de prendre une grande bouffée d'air. »
>
> Sandrine, groupe des Insiders, Facebook

En mode miroir

Toujours afin d'explorer nos propres systèmes et processus de fermeture, lorsque notre caméra d'observation interne se posera sur l'autre et sa façon d'être et d'agir, nous devrons essayer de l'observer « à froid » et de suspendre le moindre jugement sur lui. Nous éviterons d'emprisonner l'autre dans une cage de « diagnostics », du genre « il/elle est vraiment névrosé(e) », d'autant que nous ne sommes pas – pour la plupart d'entre nous – docteurs en psychologie ou en psychiatrie !

Cette posture d'observation débouche sur deux bénéfices : sentir et comprendre ce qui se passe en nous à travers l'autre, comme si l'on se regardait dans un miroir, et ainsi favoriser une collaboration mutuelle plus harmonieuse, puisque finalement nous libérons l'autre d'une certaine emprise. Il est inutile de perdre de l'énergie à discourir sur les multiples causes du compor-tement désagréable ou irrespectueux d'une personne. Contentez-vous d'observer en évitant la moindre projection personnelle, puisque celle-ci serait forcément limitée par nature.

En fait, à partir de maintenant, il s'agira purement et simplement de se contenter de poser le mot « fermeture » sur un comportement peu sympathique, voire carrément antipathique, comme pourrait le faire instinctivement un animal. Se dire « personne fermée », puis lâcher sur le pourquoi du comment et le jugement que nous pourrions en avoir. C'est fermé, point. En éloignant ainsi toute tentative d'explication et de jugement, nous évitons de basculer dans une spirale d'émotions négatives.

Dans un premier temps, ce qui m'a personnellement aidée à adopter cette posture d'observation, c'est d'imaginer que je portais une paire de lunettes virtuelles dont la propriété était de décoder ce que je vivais dans un mode binaire très sommaire : ouverture ou fermeture. Je l'avoue, j'aime particulièrement ce recours au mode binaire, qui simplifie la lecture du chemin à suivre : amour ou peur, survie ou sécurité, ouvert ou fermé…

Cette démarche de lecture simplifiée ne doit toutefois pas être confondue avec une attitude manichéenne qui consisterait à simplifier le rapport au monde à une simple opposition religieuse entre le bien et le mal. Il n'est pas question ici de jugement de valeur. L'idée, avec ce mode binaire, est de faciliter l'exercice de discernement et de compréhension.

Autre bénéfice : ce filtre volontairement réducteur nous aide à nous placer sur un plan non personnel et à prendre de la distance vis-à-vis de l'événement. On ne reçoit plus l'irritation ou le mauvais comportement d'une personne de manière personnelle, « contre soi ». On ne rentre pas dans le système de l'autre, on ne fait monter aucune émotion de tension. On revient au décodage simple que permet le mot « fermeture », et on reste le plus centré possible pour gérer autrement et plus intelligemment. C'est tout.

Du coup, *bye bye* la spirale infernale du système défensif de fermeture, qui peut croître de manière exponentielle entre deux individus. Personnellement, je me suis vue pouvoir y entrer un jour où j'ai offert spontanément ma place assise dans le métro à une personne à première vue fatiguée. N'ayant obtenu aucun sourire ni merci en retour, je me suis surprise à penser « Je suis trop bête, fini la gentillesse ! », nourrissant ainsi le regret d'avoir fait preuve d'altruisme et créant une réaction de fermeture. Même si cette réaction est naturelle et courante, vous conviendrez avec moi qu'elle est un peu vaine puisqu'elle conduit à adopter la fermeture, l'antipathie ou le mal-être de l'autre par réaction, alors qu'initialement ce n'était pas mon histoire. Initialement, j'avais une intention de générosité ; j'étais dans l'ouverture et la sympathie. J'aurais donc dû garder ce cap. *So let's stay open*, sachons protéger ce petit trésor inaltérable et inviolable à l'intérieur, et préservons notre énergie de cœur ouvert.

Nous serons tous d'accord pour dire que la fermeture est facilement repérable : ça coince, ça gratte, ça questionne, ça limite, ça isole, ça attriste, ça fait mal, ça met en colère, en difficulté, c'est désagréable, pas sympa !

La caractéristique classique d'une personne fermée[4], c'est qu'elle donne le sentiment de ne pas être accessible de l'extérieur. Elle peut nous paraître froide, distante, insensible, méfiante, sans

4. Bien évidemment, je ne parle pas ici des personnes ayant vécu un traumatisme important ou des personnes psychologiquement fragiles.

émotions, sans tendresse, prompte à la critique, raciste, dans le contrôle… Elle est plus facilement dans le jugement et reste le plus souvent bloquée dans ses croyances et son passé – référence rassurante qui a déjà fait ses preuves. Elle considère une situation, une personne ou une idée nouvelle comme une menace. Résultats : des réactions de défense, de résistance, de stress, de déplaisir, d'agressivité, de peur, de frustration, d'intolérance, etc.

La personne « fermée » ressemble à une personne qui aurait mis le pied sur le tuyau d'arrosage : elle coupe le flux d'une certaine énergie de vie et bloque ainsi toute fluidité dans les relations, la communication, les situations. C'est toute la différence entre « être en vie » et « vivre pleinement » !

Aux sources de la fermeture

Au niveau structurel, les études scientifiques et neuroscientifiques nous apprennent plusieurs choses sur le fonctionnement humain. Tout d'abord, mauvaise nouvelle avec laquelle nous devons composer : notre cerveau n'est pas programmé pour le bonheur mais pour la survie ! Et cela change tout de le savoir car, en intégrant cette donnée, nous comprenons mieux la nécessité de nous prendre en charge et de travailler sur nous pour faire en sorte d'être un peu plus heureux jour après jour.

Précisons que cette démarche de « développement personnel » peut tout de même s'appuyer sur une bonne nouvelle : d'après certaines études très sérieuses, nous aurions 40 % de marge de manœuvre vers une plus grande ouverture à la vie et au bonheur ! C'est Sonja Lyubomirsky, directrice du laboratoire de psychologie positive de l'université de Californie, qui l'a démontré. D'après ses recherches, notre aptitude au bonheur dépendrait à 50 % de notre patrimoine génétique – on hériterait du gène du bonheur comme on hérite des yeux bleus ! –, à 10 % de nos conditions de vie et des facteurs extérieurs – le pays dans lequel on vit, le milieu social dans lequel on est né, etc. Les 40 % restants – c'est la partie la plus intéressante ! – dépendraient de notre comportement personnel, c'est-à-dire de notre capacité de changement, de nos engagements, de nos choix de vie, de nos lectures, de nos rencontres…

Pour comprendre pourquoi nous sommes le plus souvent fermés, nous devons nous intéresser aux mécanismes biologiques, psychologiques, sociaux, culturels, etc. qui font que nous agissons la plupart du temps selon des schémas préétablis et des programmations apprises ou héritées. Mieux comprendre ces processus me semble être la première étape nécessaire pour dépasser ce qui nous entrave.

Je vous propose donc à présent d'explorer les facteurs que j'identifie comme sources de fermeture.

Deux grandes catégories :

- les facteurs *inside*, qui représentent ce qui se passe en nous ;

- les facteurs *outside*, liés à de grandes lois universelles qui nous dépassent.

Les facteurs *inside* : ce qui se passe en nous

Un système nerveux parasympathique en mode survie

Fondamentalement, notre logiciel interne est programmé pour se mettre en mode défensif ou survie à la moindre contrariété ou mise en danger – or, ce mode de protection ressemble d'assez près à la fermeture. Ce logiciel se situe dans notre système nerveux général, au sein duquel nous pouvons distinguer deux autres systèmes :

- **Le système volontaire**, qui assure notre motricité et nous permet de contrôler les mouvements de notre corps. Quand nous décidons de lever nos bras, ou de mettre un pied devant l'autre, c'est lui qui fonctionne.

- **Le système nerveux autonome**, qui supervise le bon fonctionnement de l'ensemble de notre organisme. Il gère toutes nos structures nerveuses qui commandent les muscles des poumons, du cœur, des intestins, des reins, de l'érection, etc., et toutes les fonctions automatiques comme la température corporelle, le taux de sucre dans le sang, la digestion, la fabrication de nos hormones, les émotions, le rythme veille-sommeil, etc. C'est lui qui administre tout et qui, en fonction des situations que nous rencontrons, appuie ou non sur **le bouton de notre interrupteur interne : survie ou sécurité, ouverture, découverte et exploration ou fermeture, méfiance et résistance…**

Ce grand administrateur qu'est le système nerveux autonome se compose lui-même de deux sous-systèmes : le **système sympathique** et le **système parasympathique**.

- **Le système sympathique** accélère notre cœur et, grâce à son allié neurotransmetteur qu'est l'adrénaline, nous pousse à une action immédiate. C'est lui qui, face au danger, programme nos réactions de fuite, de combat ou d'immobilité. Une incivilité, un retard de train, le comportement distant d'un collègue, un serveur pas sympa, une attente frustrée… et la partie primitive de notre cerveau réagit comme au bon vieux temps de nos ancêtres face à l'attaque d'un tigre à dents de sabre. L'amygdale, centre de la peur et de l'anxiété, sonne l'alarme et nous fait basculer en mode survie.

Point positif : ce système nous donne de l'énergie pour réagir. Point négatif : il court-circuite notre conscience et épuise rapidement nos ressources et nos facultés. Dès lors, nous ne sommes plus dans un processus de décision mais de réaction conditionnée. Finis la maîtrise et le calme légendaires de maître Yoda !

- *A contrario*, **le système parasympathique**, quant à lui, ralentit notre cœur et l'ensemble de notre organisme (sauf la digestion et l'activité sexuelle, qu'il augmente au contraire) et préserve gentiment notre énergie. Avec lui, nous pouvons entrevoir le calme et la douce maîtrise des Jedi.

Peur, survie et fermeture

Parmi toutes les causes de fermeture liées au fait que le système sympathique bascule en mode survie, la peur est la championne toutes catégories. Émotion choc fondatrice et naturelle que nous ressentons tous lorsque nous sommes en présence d'un danger ou d'une menace, la peur est le résultat d'une l'analyse rapide d'une situation. Elle nous inhibe, nous permet de fuir ou de combattre. Et se présente sous différentes formes.

Il y a d'abord des peurs très instinctives, directement connectées à notre instinct de survie face à un danger immédiat. Elles sont très salutaires car leur fonction est de nous préserver. Par exemple, lorsque nous avons un réflexe de recul face à un véhicule qui nous frôle d'un peu trop près quand nous traversons la rue.

Et puis il y a des peurs émotionnelles, irraisonnées et déconnectées de tout danger immédiat. Actuelles ou héritées de l'enfance, elles nous inhibent, nous fragilisent et nous empoisonnent la vie : peur de souffrir, de vieillir, de mourir, de ne pas être à la hauteur, de perdre ce que l'on aime ou ce que l'on possède, de l'échec, du rejet, de l'engagement, de la dépendance, de la solitude, de l'abandon, du ridicule, de l'inconnu, de l'inattendu… Proches du fantasme, ces peurs sont comme des ombres sur un mur. Et pourtant, malgré leur forme abstraite, elles nous plongent dans l'angoisse, l'obsession, le besoin de contrôle, le perfectionnisme, l'addiction, l'agitation mentale, etc.

Ces peurs déterminent notre comportement malgré nous et sont un véritable frein à notre épanouissement et à notre quête du bonheur. Il nous est quasiment impossible de nous ouvrir à l'autre, à la vie, à la sérénité, à l'action, à la transformation, au mouvement lorsque nous avons peur. Il nous semble alors bien plus rassurant de rester au chaud, à l'abri dans le cadre sécurisant de nos routines de confort intérieur.

Un interrupteur interne trop souvent sur *off*

Notre parcours du combattant pour gagner en ouverture de cœur, d'esprit et de conscience est loin d'être terminé !

Car malheureusement pour nous, en lien direct avec nos peurs de toutes natures, notre fameux interrupteur interne est plus souvent sur *off* – attitude défensive, fermeture – que sur *on* – exploration, confiance, ouverture. Parce que nous imaginons ou craignons le danger avant qu'il ne survienne, nous adoptons la posture du petit escargot camouflé au fond de sa coquille !

Certes, au début de notre histoire, petits humains fragiles que nous sommes, nous avons dû durement lutter pour notre survie car les conditions n'étaient pas franchement super *friendly* : animaux féroces, conditions extérieures hostiles, clans rivaux… Notre aptitude à survivre a été mise à rude épreuve, et ceux qui ont survécu étaient les individus les plus prudents, capables d'anticiper et d'esquiver les dangers. Depuis, cet héritage conditionne fortement notre fonctionnement général, un brin parano il faut bien le dire !

Le constat n'est pas très emballant, c'est vrai : notre cerveau, grand chef d'orchestre du corps humain, n'est donc pas naturellement programmé pour le bonheur, les petites fleurs et les roulades dans l'herbe. Il nous maintient plutôt coûte que coûte en état d'alerte et de survie, avec tout ce que cela peut comporter de peurs, de tensions et de luttes guerrières. Les Bisounours, connais pas, parlez-moi plutôt de Xena la guerrière !

Par conséquent, pour lutter contre ce formatage initial et ce naturel qui revient au galop à la moindre occasion, nous devons fournir un effort mental et émotionnel conséquent.

Un biais cognitif négatif

Cette tendance à prendre davantage en compte les phénomènes négatifs pour survivre nous a conduits à développer un biais cognitif négatif, c'est-à-dire une distorsion, une déformation de la réalité, comme un filtre qui agit sur nos perceptions. Tout simplement parce que nous sommes faits d'émotions et de sentiments, nous ne sommes pas capables de traiter les informations brutes de manière neutre : nous les biaisons. Résultat : difficile pour nous d'y voir clair et d'analyser les situations de manière objective !

Ainsi, notre cerveau accorde plus d'attention, d'émotions et de mémoire aux choses négatives qu'aux choses positives. C'est pourquoi nous sommes naturellement plus impactés par les critiques que par les compliments, par les défauts d'une personne que par ses qualités, par les échecs que par les réussites…

Il suffit d'écouter les informations pour confirmer que nous sommes plus portés sur le négatif que sur le positif ! Les médias ont bien compris que pour vendre et faire de l'audimat, il faut toucher la corde sensible : nos émotions négatives ancestrales liées à la peur. La mise à la une d'événements croustillants graves et sordides fait vibrer notre bon vieil instinct de survie, de la même manière que lorsque nous étions dans la savane à guetter le moindre bruit indiquant l'attaque potentielle d'un prédateur. Alors nous restons aux aguets derrière nos écrans, à écouter et regarder les catastrophes, avec la sourde impression que nous pourrions ainsi d'autant mieux nous protéger si les choses tournaient mal…

Au-delà des *news*, nous pouvons également retrouver la trace de ce biais négatif dans l'intérêt que nous portons à nos sujets d'étude. La psychologie constitue un bon exemple. Jusqu'à récemment, cette discipline s'intéressait en effet uniquement à ce qui ne fonctionnait pas en nous : les maladies mentales et les troubles psychiatriques tels que la dépression, l'angoisse, l'hystérie... Et hop, revoilà notre biais négatif ! Depuis la fin des années 1990 et les apports du docteur Martin Seligman, chercheur en psychologie et fondateur de la psychologie positive, cette discipline s'est enfin intéressée à ce qui fonctionne et rend heureux : le potentiel optimal d'une personne, son bonheur et ses facultés d'épanouissement.

À propos de cette tendance à prioriser le négatif, le neuropsychologue américain Rick Hanson évoque une image très simple et pratique dans son livre *Hardwiring Happiness*[5] : notre cerveau est comme une bande Velcro® pour les expériences négatives – il les agrippe et les accroche –, tandis qu'il traite les expériences positives comme du Teflon® face aux expériences positives – il les laisse glisser comme l'eau sur les plumes d'un canard.

BLANC OU NOIR ?

Voici une expérience menée dans une salle de classe auprès d'étudiants. Un professeur a distribué à ses élèves une grande feuille blanche avec un petit point noir en son centre et leur a demandé de décrire par écrit ce qu'ils voyaient. Tous se sont concentrés sur le point noir au milieu de la page, et aucun n'a parlé de la page blanche.

Moralité de l'histoire : c'est exactement ce que nous faisons dans notre vie au quotidien. Nous oublions qu'autour des points noirs – les déceptions, frustrations, problèmes relationnels, affectifs, professionnels, financiers, etc. –, il y a une belle page blanche – la vie, la santé, notre famille, nos amis, l'amour et tous les petits miracles du quotidien – qui ne demande qu'à être remplie.

Bref, nous avons naturellement tendance à voir le verre à moitié vide, le revers de la médaille, la petite tache sur le grand mur blanc... Nous ne le faisons pas exprès, c'est structurel ! Donc, pour réussir à avoir une relation ou une vie plus « positive » et

5. Rick Hanson, *Hardwiring Happiness: The New Brain Science of Contentment, Calm, and Confidence*, Harmony, 2016.

heureuse, il est nécessaire de cumuler un nombre plus élevé de sentiments ou d'événements positifs que de négatifs. Certaines études ont d'ailleurs montré que le rapport devait être de 5 pour 1, tant notre cerveau a besoin d'un grand nombre de petites expériences positives pour faire pencher la balance vers l'équilibre. Nous aurons par exemple besoin d'au moins cinq compliments pour arriver à contrebalancer l'effet d'une seule critique négative ! C'est dire la valeur d'un compliment et le poids d'une critique… D'où la vertu de la parole juste.

Un égo envahissant et capricieux

Si l'on se réfère à sa définition spirituelle, et même si cette construction a une cohérence et une utilité à un certain niveau, l'égo est la représentation fausse que nous nous faisons de nous-même. C'est un **bug de fabrication** en quelque sorte, un sentiment d'identité que nous nous sommes construit de toutes pièces, un processus dynamique qui, dans son fonctionnement, produit le sentiment d'individualité, cette fameuse impression du « moi je » intrinsèque à laquelle nous croyons dur comme fer, alors qu'elle n'existe pas en tant que telle.

Comme le dit Chögyam Trungpa Rinpoché, l'une des figures les plus marquantes du bouddhisme tibétain du XXe siècle : « Même si nous parlons de l'égo existant comme d'une chose solide qui offre divers aspects, essentiellement il n'y a pas de substance solide. L'égo ne vit effectivement dans le temps que comme un processus continuel de création ; il est perpétuellement en train de mourir et en train de renaître[6]. » C'est précisément là qu'est le drame car notre plus grande peur est celle de ne pas exister ! Et nous avons raison car, au fond, cette construction identitaire est totalement fausse et vide, et nous le savons intuitivement, puisqu'à y regarder de près, nous n'arrêtons pas de nous battre

6. Chögyam Trungpa, *Méditation et action*, Fayard, 1978.

pour la défendre et la valider sur tout et n'importe quoi… avec beaucoup d'énergie !

Comment est-ce que cela se manifeste ? Par cette tendance à se sentir différent et distinct des autres, spécial, voire supérieur, à vouloir tout ramener à soi, à rechercher le regard des autres, à vouloir briller, être reconnu, admiré, adulé, liké. Par cet esprit de compétition mal placé, toujours en surenchère, en concurrence et en comparaison avec les autres, par cette tendance à vouloir avoir raison à tout prix, à ne pas lâcher nos certitudes, par la difficulté à se remettre en cause, à écouter, à partager, à faire preuve d'objectivité…, nous avons le sentiment que si nous lâchons notre construction, tout un système va s'écrouler, un système illusoire certes, mais tellement fondateur. Le pire, c'est que nous nous identifions à ce sentiment d'identité que nous avons composé. Tous ces éléments sont devenus tellement importants que nous oublions qu'ils n'ont rien à voir avec ce que nous sommes réellement. Bonjour le gros bug de perception originel !

Une image qui circule sur le Net illustre assez bien cette idée de bug. Elle montre deux silhouettes placées l'une derrière l'autre (l'une étant l'ombre de l'autre). L'une est petite et de forme humaine : un petit bonhomme gris, rabougri, éteint. L'autre est une grande forme lumineuse, irradiante et rayonnante. La légende de cette image indique, pour le bonhomme gris : « ce que nous pensons être », c'est-à-dire notre égo qui vit dans la peur, se croit petit, seul, indépendant, différent, unique, infaillible, immuable, et séparé des autres. Et pour la forme lumineuse : « ce que nous sommes en réalité », notre *higher self* pour ainsi dire, une conscience spacieuse, sereine et aimante, en lien et en union avec ce qui l'entoure, se sachant reliée à bien plus grand qu'elle. Certes, le travail à faire pour se libérer du piège du bug de l'égo est considérable… Il commence par la compréhension et la prise de conscience de la tension que nous mettons à consolider et défendre ce « moi je » en état de vulnérabilité face à son sentiment d'existence. Tout un sympathique chemin personnel !

L'ÉGO ET NOUS

Si je me pose personnellement la question : Isalou, c'est qui au juste ? Je pourrais répondre spontanément que je suis une femme d'1,60 m, de type caucasien, blonde, parisienne, maman de deux enfants, amie, auteure, flexi-vegie, etc.

Et je me rends immédiatement compte que mon *ego trip* est fragile et tronqué. Pourquoi ? Parce que si un des critères de cette construction identitaire change, je peux me perdre et ne plus savoir qui je suis ! Notre sentiment d'identité peut être modifié ou malmené, par un changement physique (kilos en trop ou en moins, handicap, etc.), de statut d'état-civil (marié(e), divorcé(e) veuf(ve), de culture (changer de pays et se sentir étranger), de cadre de vie (passer de locataire à propriétaire, changer de quartier), de métier (ah, la question identitaire incontournable du « que faites-vous dans la vie ? » !). C'est pourquoi, dans tous ces cas de figure, perdre ou changer de critères identitaires peut s'avérer une expérience troublante et difficile pour nous et notre égo, puisque nous nous sommes identifié à lui…

Et, au-delà d'être une petite nana blonde flexi-vegie, etc., si je me pose plus profondément ces questions abyssales : « qui suis-je ? », « où se loge "Isalou" exactement ? », que se passe-t-il ? « Isalou » n'est pas dans mes bras, ni dans ma tête, ni dans mes pieds, ni dans mon ventre ou mes jambes… bref, à la question « où est "Isalou" exactement ? », je suis immédiatement prise d'un gros vertige et d'un sentiment de vide ! Eh oh ! Y a-t-il un pilote dans l'avion ?

À vous de jouer !

Prenez quelques instants et posez-vous aussi ces questions en fermant les yeux : Où est mon « je » ? Où se loge-t-il en moi ? Où suis-je au juste ? Car, si mon « je » existe, je devrais être capable de l'identifier et de le localiser… Où se trouve réellement mon « moi je » ?

« Qui n'a jamais éprouvé l'impression d'être une coquille vide, de rechercher quelque chose qui n'est pas là, de n'avoir aucun but, aucune substance[7] ? »

Ce questionnement autour du « moi je » et de ce sentiment de vide est notamment une piste de recherche de la psychiatrie actuelle. Déborah Ducasse, psychiatre et responsable du centre de thérapies des troubles de l'humeur et émotionnels au CHU de Montpellier, développe une explication limpide de ce sentiment de vide existentiel que nous pouvons plus ou moins ressentir. Et surtout elle met en lumière la cause originelle de ce vide, qu'elle identifie à la façon dont on se perçoit : « ce "je" qui se perçoit comme autonome, indépendant, ce "je" qui est juste une illusion, une fausse idée ».

À la question de la cause de toutes nos souffrances, Déborah Ducasse[8] persiste et signe en citant l'émérite maître bouddhiste Guéshé Kelsang Gyatso : « Toute notre souffrance et tous nos problèmes viennent d'une identification incorrecte du "je". [...] La démarche scientifique est une quête de vérité, et la science a pour fonction de percer l'écran des apparences pour y découvrir le fond intelligible que ces apparences nous masquent. Et dans la méthode méditative d'exploration de l'esprit humain, on va justement ne pas s'en tenir aux apparences, et se demander profondément si les choses fonctionnent exactement de la manière dont elles nous apparaissent. Est-ce qu'elles existent vraiment de la manière dont elles m'apparaissent ? Alors ce "je" qui semble exister de façon intrinsèque, on va aller l'explorer, afin de voir s'il existe de cette manière-là. Si oui, on devrait être capable de le trouver par une investigation rigoureuse. Et on est arrivé finalement à une absence du "je" tel que nous le percevons habituellement... On est arrivé à la vacuité du "je" que l'on

7. Déborah Ducasse, propos issus du podcast d'Étienne Klein « La Conversation scientifique », France Culture, 12 septembre 2020.
8. Deborah Ducasse et Véronique Brand-Arpon, *Psychothérapie du trouble borderline*, Elsevier Masson, 2019.

perçoit, c'est-à-dire l'absence d'existence intrinsèque de ce "je"... on essaie de remplir un puits sans fond... et on a beau essayer de le remplir, ce n'est jamais satisfaisant. En ce sens, on pourrait dire qu'on est tous malade mental à un certain degré... Et une partie de la démarche thérapeutique consiste justement à abandonner la saisie de soi, du "je". »

Tel est notre challenge existentiel : cohabiter H24 avec une illusion identitaire dont nous ne savons pas où elle se situe, mais qui est pourtant bien envahissante. Elle se croit vraie, autonome, libre, différente des autres (voire supérieure), passe son temps à autovalider son existence, et cherche à l'extérieur ce qu'elle pourrait trouver à l'intérieur. Grosse blague, non ? Le philosophe américain Alan Watts, l'un des pères de la contre-culture à l'origine du mouvement hippie, disait aussi de l'égo : « *It's a joke !* » – « c'est un canular ! ».

Mais, en conclusion, comme le dit Déborah Ducasse, « [nous] pouvons en faire un combustible pour réaliser un potentiel bénéfique. On peut grandir, on n'est pas limité... Notre enjeu devient comment, à partir des conditions que j'ai en main, je vais en faire un combustible pour grandir et devenir bénéfique aux autres... et finalement, pouvoir identifier un "je" résilient et empathique, caractéristiques des plus grandes performances... »

Nous comprenons donc aisément l'intérêt d'un travail sur l'égo, comme une étape nécessaire pour acquérir une autre façon de voir et de vivre les choses, nous permettant d'avancer joyeusement sur le chemin de l'ouverture fertile et heureuse pour soi, pour son environnement, voire pour notre humanité.

Des projections et des représentations trompeuses

En lien direct avec le biais négatif, l'égo et nos fonctionnements généraux, il existe un autre mécanisme fondamental à explorer, source de nombreuses limitations et fermetures : il s'agit de nos projections et de nos représentations.

Avant tout, effectuons un survol synthétique de notre fonctionnement général, afin de mieux comprendre comment et à quel endroit les projections et les représentations interviennent dans notre système.

Moi : de quoi mon moi est-il constitué ?

- D'un corps qui a des sensations.

- D'un cerveau qui fonctionne avec des pensées.

- De deux yeux qui fonctionnent par perceptions.

- D'un cœur qui, symboliquement, fonctionne avec des émotions.

- D'une conscience qui fait le lien entre toutes les parties.

- D'un égo, notre sentiment d'identité dont nous venons de parler.

Si mes yeux physiques sont conçus pour regarder « à l'extérieur », ma conscience, quant à elle, peut être définie comme mes yeux « intérieurs », qui me permettent de « regarder » à l'intérieur de moi-même. Grâce à elle, mon esprit possède cette faculté d'autoconnaissance qui lui permet de se « regarder » en train de faire, de penser, d'agir, etc. Comme un spectateur qui regarde un film en train de défiler, je vis l'expérience tout en me voyant la vivre à l'instant T. Vous saisissez ? Aucune science – même encore actuellement – ne sait exactement où se situe cette conscience dans le corps, mais elle existe bel et bien puisque nous en faisons l'expérience à chaque millième de seconde !

Moi et le monde : comment mon moi interagit-il avec l'extérieur ?

J'interagis en premier lieu avec ce monde extérieur en **projetant** sur lui tout ce que je suis et ce que je vis à l'intérieur, dans mon magma cognitif et émotionnel. Dans un mouvement inverse, je prélève aussi, bien évidemment, des informations provenant de ce monde. Mais comme ce monde est très complexe, mon cerveau le simplifie, en mode concept en quelque sorte, en générant ce que nous appelons des **représentations**. Tout ce que nous pensons est donc fait de projections personnelles et de représentations. Ce point est très important à comprendre pour la suite de notre démarche d'ouverture, le but que nous poursuivons étant, pour rappel, de nous ouvrir le plus possible afin de nous affranchir de limites personnelles, et ainsi d'augmenter notre capacité de bonheur et de liberté intérieure.

Commençons par les projections. Lorsque nous sommes tristes, le monde nous apparaît d'une certaine manière, n'est-ce pas ? Et lorsque nous sommes heureux, il nous apparaît sous un tout autre jour. Ainsi, en fonction de notre état émotionnel, l'expérience que nous avons du monde est complètement différente. Toutes nos expériences de vie sont donc le résultat direct de nos projections.

Il est vrai que lorsque nous faisons face à une blessure d'abandon par exemple, ou toute autre souffrance profonde, il est difficile de se dire qu'elle n'est qu'une projection de notre esprit !

Et pourtant… Il est absolument essentiel de bien intégrer cette compréhension pour pouvoir ouvrir de nouveaux espaces intérieurs. Oui, le monde que nous voyons, la réalité que nous percevons sont une projection de notre esprit. Vous êtes le projecteur, et le monde perçu est votre projection. Si vous êtes un projecteur triste, vous projetez votre tristesse sur le monde, et tout devient gris et fermé. Si vous êtes un projecteur heureux, vous projetez votre joie sur le monde, et la vie devient rose. Voilà pour le lien fondamental que nous entretenons avec le monde. Chacun son petit film intérieur, chacun son cinéma.

Passons maintenant aux représentations, qui simplifient la lecture du monde et son interaction. Étymologiquement, « représentation » est un terme qui désigne « l'action de replacer devant les yeux de quelqu'un ». C'est une image que l'on se fait d'un concept ou d'un objet absent. Si je vous dis « table », une image de table surgit immédiatement dans votre tête. Vous comprenez de quoi je parle. Mais au-delà des mots, il peut aussi s'agir d'une figure, d'un signe, d'un symbole, d'une émoticône même.

À vous de jouer !

Petit exercice de représentation culturelle avec une notion abstraite... Si je vous demande quelle est votre représentation de l'amour, il y a fort à parier que vous répondrez majoritairement : des amoureux sur une plage qui se tiennent main dans la main, des baisers, des couchers de soleil et des cœurs rouges, en veux-tu, en voilà... Des cœurs rouges, des cœurs rouges et des cœurs rouges ! Pour confirmer cette représentation, rendez-vous sur votre moteur de recherche préféré pour taper le mot « amour ». Choisissez les résultats en images. N'êtes-vous pas déjà enseveli sous une avalanche de cœurs rouges ?

Et maintenant, faites un test avec un autre terme : le mot « vacances ». Vous serez submergé de paysages de bord de mer d'un bleu turquoise, avec transats, parasols, tongs et doigts de pied en éventail. La mer et le farniente. Très peu d'images de familles, de campagne, de montagne... Instructif, non ?

Un dernier exemple de représentation culturelle : si je vous dis « petit dîner à la bougie », que voyez-vous, à quoi pensez-vous ? Vous allez majoritairement répondre : dîner aux chandelles, romantique, amoureux, tendre, sexy... parce que, en Occident, dîner à la bougie évoque une scène sympa avec des images de violons, de mets raffinés, de séduction et une ambiance romantique. Alors qu'ailleurs dans le monde, dans des pays miséreux, dîner à la bougie évoque plutôt la pauvreté. Pour une famille démunie qui n'a pas les moyens d'avoir l'électricité, s'éclairer à la bougie la nuit n'a rien de romantique.

Nos représentations sont le fruit de nos tendances, de notre éducation, de notre culture. Si elles nous facilitent la vie pour échanger rapidement avec l'autre et savoir de quoi nous parlons, elles peuvent aussi se révéler sources de malentendus et de conflits.

Prenons l'exemple d'une table. Personnellement, quand je pense au mot « table » je vois une table basse en bois brut. Et vous, à la lecture de ce mot, que voyez-vous ? Une table de salle à manger, une table de cuisine ? Vous mesurez le problème ? Ce qui peut sembler évident pour l'un ne l'est pas du tout pour l'autre.

Le monde dans lequel vit chacun de nous est façonné par notre sensibilité, nos modes de compréhension, nos expériences… et la majeure partie de nos conflits et de nos fermetures provient de l'écart qui existe entre nos représentations respectives. D'où les malentendus, les incompréhensions, les conflits relationnels tristes et polluants, que l'on pourrait pourtant éviter avec un peu – non, à dire vrai, avec beaucoup – de volonté, de compréhension et d'écoute. La tâche n'est peut-être pas si immense…

> « Quiconque prétend s'ériger en juge de la vérité et du savoir s'expose à périr sous les éclats de rire des dieux, puisque nous ignorons comment sont réellement les choses et que nous n'en connaissons que les représentations que nous nous en faisons. »
>
> Albert Einstein

Lorsque je suis confrontée à des « couacs » relationnels qui pèsent sur mon cœur et créent des points de fermeture en moi, mon astuce pour rester ouverte ou m'ouvrir à nouveau est de me rappeler que ce que l'on appelle la réalité n'est en fait que la somme de mes représentations, qu'il n'y a pas de réalité en soi : une bougie n'est ni romantique ni non romantique, c'est simplement une bougie allumée qui éclaire un lieu.

Donc misons à fond sur l'« écoute » et la « reformulation » afin de parvenir à une plus juste compréhension. Et comme l'enseigne la pratique du Ho'oponopono (voir encadré ci-dessous), assumons également la responsabilité émotionnelle de ce qui est en train de se passer, afin d'être en mesure de rester dans une attitude d'ouverture, de préserver la situation la plus harmonieuse possible et d'être en capacité de ré-ouvrir si besoin.

L'ART DU HO'OPONOPONO

Entre art de vivre et méthode de résolution de problèmes, l'Ho'oponopono est une pratique spirituelle profondément enracinée depuis des siècles dans les différentes îles de Polynésie. Diffusé aujourd'hui dans le monde moderne, le Ho'oponopono nous permet de mieux comprendre ce qui se passe dans notre vie, de prendre soin des liens, d'apporter la paix intérieure et de la diffuser à l'extérieur, et ainsi de favoriser l'harmonie et la cohabitation grâce à quatre phrases de purification : « désolé » - « pardon » - « merci » - « je t'aime ».

Souvenons-nous que tout ce que nous projetons sur l'autre ou le monde nous revient tel un boomerang et, puisque les représentations ne sont qu'une construction, elles peuvent, comme toute construction, se déconstruire à la vitesse d'un claquement de doigts.

Excellente nouvelle, n'est-ce pas ? Ce phénomène de construction-déconstruction nous offre ainsi un véritable espace de liberté, une belle marge de manœuvre pour sortir de certains conditionnements culturels, sociaux ou familiaux, et pouvoir ainsi ouvrir notre regard et notre cœur.

Un héritage lourd à porter

Au-delà de nos aspects physiques, physiologiques et psychologiques, nous avons reçu en héritage de sympathiques valises de la part de notre environnement familial, social et culturel. Car même si nous naissons tous égaux, notre environnement et notre cadre de vie forment nos personnalités, nos croyances, nos valeurs, nos comportements. Éducation, transmissions, traditions, croyances, mœurs, coutumes… forment un joli patrimoine qui nous formate malgré nous et peut nous empêcher, nous rétrécir et nous enfermer derrière des barrières de haine et d'intolérance. Mais pas uniquement, bien évidemment ! Si nous avons eu la chance de naître dans une famille ouverte d'esprit et de cœur, nous avons pu recevoir de merveilleuses transmissions de bienveillance, de tolérance, de respect et d'amour.

Donc parmi nos conditionnements, l'un des principaux creusets dans lequel va se développer notre capacité à être ouvert ou fermé est le **terreau familial** et son principe de transmission. Nous sommes tributaires de ce que nos parents, volontairement ou non, nous ont enseigné. Si j'ai toujours entendu mon père affirmer « le monde est hostile, la vie n'est qu'une suite d'épreuves et les gens ne sont pas dignes de confiance », cela va forcément imprégner et formater ma façon de voir le monde et de me comporter. Bonjour la force de caractère dont j'aurai alors besoin pour quitter mon système de loyauté envers mon père, trancher et créer mes propres référents !

Au-delà du référent familial, le **référent social et culturel** joue aussi un rôle important dans nos fameuses représentations. Comme le loup qui a besoin de la meute, nous sommes des êtres ultra-sociaux : nous nous construisons par et pour la socialisation. Nous avons donc forcément grandi au sein d'une culture et d'une civilisation. Qu'elle soit occidentale, orientale, musulmane, hindoue, africaine, bouddhiste, latino-américaine ou dite « primitive », la civilisation dans laquelle nous avons baigné influe forcément sur l'ensemble de notre construction identitaire, psychologique et comportementale. Ainsi tous les supports culturels – héros légendaires, films, romans, contes, histoires, chansons, musiques, œuvres d'art, mythes, etc. – influent-ils profondément sur notre imaginaire et notre façon d'avancer dans la vie.

Ce n'est une révélation pour personne, nos modèles réels ou fictifs comme les super-héros nourrissent notre imaginaire et jouent un rôle important dans la posture et le ressenti que nous adoptons globalement. Ainsi notre contexte social et culturel impacte-t-il notre sentiment de fierté et de supériorité ou, à l'inverse, de honte et d'infériorité. Tout dépend de l'histoire que l'on nous raconte… puis que l'on se raconte.

Mais comme rien n'est jamais simple, et que, comme le dit Hermann Hesse, « le contraire de toute vérité est aussi vrai que la vérité elle-même », ces contes, histoires et mythes que l'on nous raconte depuis la nuit des temps sont aussi ceux qui ont permis à l'humanité de survivre ! C'est toute la thèse de l'historien Yuval Noah Harari dans son livre *Sapiens : Une brève histoire de l'humanité*[9], dans lequel il retrace l'évolution de notre espèce et met en lumière l'importance de notre imagination et du *story telling* dans notre stratégie de survie et notre domination sur le reste du monde. Ce qui nous a permis de coopérer de façon flexible en très grand nombre (en sachant ajuster et modifier nos systèmes sociaux, économiques, politiques, économiques), c'est notre capacité de produire de la fiction, de tisser des mythes communs…

Alors, au passage, faisons le souhait de nous raconter de nouvelles et belles histoires pour demain, et misons sur nos graines d'avenir… « La majorité de la jeunesse est en rupture radicale avec le monde dans lequel elle a grandi : elle veut être inspirée par quelque chose de bien plus grand, de bien plus vaste – du sens –, elle veut du partage, elle veut du collectif à la place de l'individualisme régnant[10]. »

---

9. Yuval Noah Harari, *Sapiens : Une brève histoire de l'humanité*, Albin Michel, 2015.
10. Abdennour Bidar, *Les Tisserands. Réparer ensemble le tissu déchiré du monde*, Les liens qui libèrent, 2016.

Nos si chères attentes

> « Il existe deux façons d'être heureux : améliorer notre réalité ou bien ajuster nos attentes. »
>
> Mo Gawdat[11]

Mo Gawdat propose une équation du bonheur. Le bonheur serait supérieur ou égal (> ou =) aux événements qui surviennent dans notre vie, moins (–) nos attentes par rapport à notre vie rêvée.

Moins nos attentes…

« J'aurais bien aimé que X me fasse un signe… », « En principe, Z n'aurait pas dû faire comme cela s'il avait été sympa… », « Normalement, un vrai ami répond aux SMS… », « Je ne m'attendais vraiment pas à ce qu'il réagisse de cette façon… », « Si X m'aimait vraiment, alors il devrait faire cela… », etc.

Les attentes naissent de souhaits et de suppositions. Nous dépensons une grande quantité d'énergie à projeter notre façon de voir et, d'une certaine manière, à contrôler les situations, les comportements, les réactions des uns ou des autres dans un cadre et un futur que nous souhaitons fixer. Seulement voilà, le plus souvent, nos chères attentes sont sources de sérieuses frustrations ! Elles nous font souffrir et nous enferment à double tour dans notre tour d'ivoire. Mince, le monde n'est pas au diapason de mes attentes ? Je ne suis pas le centre du monde ? *Bad news*, vraiment… Dans cette configuration, on se piège tout seul et on passe à côté de la vraie rencontre, celle qui porte le potentiel de richesses et de transformation dont nous avons besoin. Nous rétrécissons notre horizon. Et le pire, c'est que chacun de nous est le seul responsable de ce qui lui arrive, puisqu'il place entre lui et le monde un filtre de contrôle, d'impatience, de frustration et de déception.

11. Mo Gawdat, *La Formule du bonheur*, Larousse, 2018. Ancien ingénieur de Google X, il s'est donné pour mission de rendre heureux un milliard de personnes sur Terre d'ici cinq ans.

Nos attentes nous maintiennent en captivité, tout comme les chèvres de monsieur Seguin sont attachées à leur piquet. Elles nous conduisent à remettre notre pouvoir d'action entre les mains d'une fiction dont nous nous rendons dépendants parce que nous espérons qu'elle nous rendra heureux.

LE « MANUEL D'INSTRUCTIONS » IMAGINAIRE DE BROOKE CASTILLO[12]

Nous avons tous dans la tête une sorte de « manuel d'instructions » qui liste l'ensemble des choses que l'on aimerait que fasse une personne en particulier. Nous fabriquons autant de manuels d'instructions qu'il y a de personnes dans notre vie. « Untel devrait se comporter comme cela, il aurait dû dire ça... », « Unetelle devrait agir ainsi... », etc.

Ces instructions varient en fonction du profil de la personne et du niveau d'attachement que nous avons envers elle. Plus elle est proche de nous, plus nous avons d'attentes. Bien évidemment, pour compliquer encore plus la situation, ces personnes ne savent pas ce que notre manuel d'instructions indique à leur sujet et, inversement, nous ne savons absolument pas ce que le leur indique à notre encontre.

En résumé, dans une relation à deux, chacun a son propre manuel d'instructions qui détermine comment l'autre doit se comporter. Et tout notre bien-être et l'harmonie de nos échanges et interactions vont reposer sur ces manuels imaginaires purement personnels.

Quand une personne fait quelque chose qui correspond à mon manuel d'instructions, je produis des pensées positives : « Elle est vraiment sympa », « Elle me respecte », « Elle m'aime », « Je suis content ». *A contrario*, si elle ne respecte pas mon manuel d'instructions, je produis des pensées négatives : « Je ne compte pas pour elle », « Elle ne me respecte pas », « Je suis déçu et blessé ».

Le hic, vous l'avez compris, c'est que mon manuel d'instructions n'est pas universel, et que le monde ne fonctionne pas selon les règles de mon manuel. Et comme, bien souvent, nous n'avons pas conscience de cela, nous ne pouvons pas échanger sur nos attentes avec les personnes de notre entourage, ce qui a pour résultat des malentendus, des frustrations et des conflits.

12. Brooke Castillo est une célèbre coach américaine, fondatrice de la Life Coach School et connue pour avoir modélisé les relations entre pensées, émotions et actions.

Vous l'aurez compris, plus notre niveau d'attentes envers autrui sera faible, plus notre liberté intérieure sera élevée. En conséquence, ne rien attendre serait-il la bonne façon de faire et de vivre sa vie ? Pas vraiment puisque, ne nous leurrons pas non plus, nous ne pouvons pas ne pas avoir d'attentes ! Toutefois, prendre conscience de l'existence de notre manuel d'instructions nous permettra de mieux nous libérer de l'emprise de ces attentes, et nous affranchira des angoisses et des rancœurs sous-jacentes qu'elles génèrent. Cela revient, bien évidemment, à prendre 100 % de responsabilité dans ce que nous vivons intérieurement, particulièrement au niveau émotionnel.

Comme nos émotions sont le fruit d'une pensée, il faut donc zoomer sur nos pensées et non sur les autres pour nous libérer de nos attentes. Leurs paroles et leurs comportements n'ont d'effets sur nos émotions qu'à travers la pensée que nous élaborons nous-même à leur sujet.

Ce ne sont pas les autres qui créent nos émotions et notre souffrance, ce sont les pensées que nous nourrissons au sujet des autres…

Les facteurs *outside* : ce qui se passe en dehors de nous

Nous venons de développer les sept facteurs *inside* de fermeture, voyons maintenant les deux derniers facteurs *outside* : le chaos et la mort.

Le chaos et l'impermanence… en permanence !

« Chaos » vient du grec *khais*, qui signifie « ouverture », « abîme » (en sanskrit, *kha* veut dire « cavité »). Dans la mythologie grecque, « chaos » désigne une profondeur béante à l'origine de la création du monde. Dans notre tradition judéo-chrétienne, le chaos est un état vague et vide de la terre avant l'intervention créatrice de Dieu. C'est à peu près la même idée en somme, peu rassurante, comme tous ses synonymes d'ailleurs : désordre, informe, sens dessus dessous, ruine, destruction, désobéissance, agitation, changement, confusion, absence apparente d'ordre et de contrôle, impossibilité de reproduction et de prévision…

En gros, « chaos » veut dire « désordre ». Nous pouvons nous représenter le chaos de manière prosaïque : c'est le désordre, le trafic d'une métropole indienne, une toile de Jackson Pollock ou une chambre d'adolescent. Vous visualisez ?

Le chaos est une conception du monde commune à de nombreuses traditions. Nous pouvons d'ailleurs l'éprouver au fil des jours dans notre réalité quotidienne, il ne nous aide pas vraiment à rester zen ! Nous vivons tous ces *up and down*, ces périodes de bonheur chassées par des périodes plus sombres. Aucune stabilité. Aucun confort. Le chaos, ce monde extérieur au « moi je » qui nous échappe et sur lequel nous n'avons aucun pouvoir, nous impose ses lois transcendantes, comme celle de l'impermanence. Rien n'est permanent, tout bouge, tout change.

> « Il n'existe rien de constant si ce n'est le changement. »
>
> Bouddha

La vie est faite d'impermanence : mouvement, changement, transformation font partie de l'ordre naturel des choses. À titre d'exemple, regardons les multiples mutations de l'eau, qui passe par toutes sortes de formes et d'états : nuage, pluie, glace, rivière, vapeur… Ses métamorphoses variées sont une parfaite métaphore de la dynamique de notre existence. Rien ne reste figé, rien n'est immuable, tout se transforme. Sans parler de la Terre qui nous accueille et réalise une perpétuelle rotation sur elle-même : nous vivons sur une grosse toupie, ne l'oublions pas ! Nous, les Européens, nous « bougeons » en permanence à 1 100 km/h environ, c'est-à-dire à plus de 317 m/s ! De quoi, déjà, avoir la tête qui tourne, non ?

C'est ainsi, tout bouge, rien ne dure, tout se transforme, rien n'est jamais acquis. Résister à l'impermanence est vain, car elle est la substance même de nos destins d'humains. Nous sommes obligés de travailler avec elle dans notre cheminement vers le bonheur de vivre, à l'extérieur dans le monde qui nous environne comme à l'intérieur de notre corps.

À l'extérieur de nous, il y a l'impermanence du temps qui passe : c'est le matin, et déjà il s'est enfui ; puis une seconde, une minute, une heure, un jour, un mois, une année… les jours et les nuits s'enchaînent imperturbablement dans une ronde continue. Instant après instant, le temps file et s'envole dans une fuite que nous ne pouvons retenir. Impermanence des saisons – automne, hiver, printemps, été.

Au niveau organique, notre corps n'est que variations et renouvellement. Nos cellules se renouvellent intégralement tous les dix ans. Notre apparence, elle aussi, se modifie : les cheveux blanchissent, les rides apparaissent, les fesses se cassent la figure (merci la loi de la gravité !). Notre incarnation physique est non seulement éphémère, mais elle est aussi constituée d'une suite de mutations : bébé marchant à quatre pattes, puis enfant sautillant, adolescent boutonneux, premier avant/après pour nous les filles avec l'arrivée des règles. Puis adulte, un deuxième avant/après avec nos jolis ventres ronds qui nous font devenir mères, puis les rides, la ménopause (troisième avant/après), l'arthrose. Après la vitesse de la jeunesse, l'éloge de la lenteur quand devenu vieux, nous marchons péniblement sur trois pieds avec une canne. Impermanence de notre existence qui nous mène de la naissance à la vieillesse, en passant par la maladie, et vers la mort, inévitablement.

Sur le plan psychologique et émotionnel, si nous conservons certains traits de caractère au fil du temps, les expériences que nous vivons nous impactent profondément, nous ébranlent ou nous aident à mûrir ; elles font que nous traversons les diverses étapes de notre parcours avec des perceptions, un regard et une maturité différents.

Quant à nos émotions et nos sentiments, impermanence là aussi ! Ils en sont même des champions : un jour, je t'aime beaucoup, passionnément, à la folie. Un autre jour, je t'aime un peu, pas du tout, plus de tout… C'est le même refrain, de la naissance à la mort : bon gré mal gré, c'est le changement perpétuel.

Parmi les philosophes occidentaux, Nietzsche fut le premier à poser des mots sur cette vision de chaos : « Le caractère du monde est celui d'un chaos éternel, non du fait de l'absence de nécessité, mais du fait de l'absence d'ordre, d'enchaînement de forme, de beauté, de sagesse, bref de toute esthétique humaine[13]. » Il rappelle aussi que ce qui est vrai pour le monde est vrai pour chacun d'entre nous. « Il existe une forme de chaos dans l'esprit et l'âme de chacun des êtres humains sur cette Terre. » Pour finir par cette célèbre et magnifique idée : « Je vous le dis : il faut porter encore en soi un chaos, pour pouvoir mettre au monde une étoile dansante[14]. »

J'espère que je ne vous ai pas trop plombé le moral ! En même temps, autant vite et bien intégrer cette donnée pour pouvoir nous libérer de ses griffes. C'est toute la vertu de la connaissance, qui permet de faire la différence entre jouer et « être joué ». Et puis, fort heureusement pour nous, à l'inverse du chaos, il y a aussi, chez les Grecs anciens, l'idée de cosmos, cet autre organisme vivant dans lequel règnent l'ordre, le beau, le juste et l'harmonie. Ouf !

13. Friedrich Nietzsche, *Le Gai Savoir (1882)*, GF-Flammarion, 2020.
14. Friedrich Nietzsche, *Ainsi parlait Zarathoustra (1885)*, Le Livre de Poche, 1972.

Mais même si chacun de nous aspire à vivre dans cette idée de monde harmonieux au sein duquel tout serait sous notre contrôle pour notre plus grand confort, pour être vraiment heureux, mieux vaut apprendre rapidement à composer avec le chaos et à danser avec lui !

> **LE CHAOS ET MOI**
>
> Personnellement, sur un plan très ordinaire, j'observe constamment le chaos et l'impermanence dans ma vie quotidienne. Jeune maman, quand mes enfants habitaient à la maison, il était très facile à identifier ! Des heures de ménage à ranger, aspirer, astiquer, récurer notre petit chez nous tout douillet, et il suffisait qu'ils rentrent de l'école avec une bande de copains ou de copines pour que, à la vitesse d'un claquement de doigts, l'appartement soit ruiné ! Et je recommençais inlassablement à ranger, astiquer, etc. Aujourd'hui, il suffit que je me regarde dans le miroir pour voir le chaos et l'impermanence en marche dans mon corps, sans que je puisse réellement lutter.

Dans ce contexte, on peut aisément comprendre que le chaos et son expression favorite, le changement, nous fasse peur : nous avons peur de l'inconnu, de l'absence de contrôle, de l'ambivalence, de la perte de confort, de la souffrance… C'est logique.

Il est tout aussi logique que notre premier réflexe face à lui soit de vouloir lui résister, d'appuyer sur la pédale de frein et de tout faire pour rester bien au chaud planqués sous notre couette en mode protection… « Fermons la fenêtre et laissons les volets clos[15]. »

Sérieusement, – #admiration –, nous sommes quand même des super-héros, tous autant que nous sommes, qui affrontons chaque matin ce monde qui va vite, qui nous échappe, qui bouge et change en permanence…

On s'en sort plutôt pas mal, non, vu la complexité de l'enjeu ?

---

15. « Les Volets clos », chanson de Nicoletta (Rémo Forlani/Paul Misraki), 1973.

La mort

> « Personne ne peut affirmer : « Je serai vivant ce soir ». Nous devons nous préparer à la possibilité de mourir, à tout instant. Ce n'est qu'ainsi que notre attitude changera. »
>
> Dalaï-Lama

Descendante directe du chaos et de l'impermanence – même si ce n'est pas tout à fait juste de la penser « extérieure » à ce que nous sommes –, il y a aussi cette mystérieuse dame couverte d'un grand manteau noir à capuche qui rôde chaque seconde dans notre dos avec sa longue faux. Elle ne nous aide pas vraiment à nous détendre dans une ouverture béate… : la mort.

Grande angoisse existentielle depuis la nuit des temps, la peur de la mort est dans nos cœurs à chaque seconde – même si nous n'en avons pas vraiment conscience. D'autant que cette peur primitive et archétypale est aussi à la racine de nombreuses autres : peur de l'obscurité, des prédateurs, du sang, de la vitesse, de l'altitude, du vide, de l'inconnu, de la maladie, etc.

La peur de mourir constitue la base de notre instinct de survie et conditionne l'ensemble de notre système mental défensif : normal ! Alors on se bat, on lutte – même dans d'horribles souffrances parfois – et on ne lâche pas !

Il y a quelque chose en nous qui veut vivre impérieusement et refuse de mourir, une « force » organique plus puissante que nous, qui nous traverse et nous pousse vers la préservation physique et psychologique, à tout prix. Il s'agit peut-être ce que Sigmund Freud appelait les « pulsions de vie ». Gouvernés par cette logique impérieuse, tous les êtres vivants veulent profondément vivre, du brin d'herbe à la luciole, en passant par le gorille.

Pourtant, gros paradoxe, nous savons tous aussi que nous allons mourir un jour… En effet, la menace de la mort et son échéance certaine sont les seules certitudes, les seules connaissances inéluctables que nous pouvons avoir sur cette terre.

Nous vivons donc entre ces deux mouvements contraires qui nous dépassent, dont nous n'avons pas forcément conscience, et que nous ne contrôlons pas.

Ainsi notre humanité semble-t-elle danser une drôle de valse effrénée, s'agitant sur tous les fronts, comme si de rien n'était. **Cette réalité sous-jacente nous angoisse profondément.**

D'où notre désir « d'apprendre à vivre[16] », comme l'a écrit le philosophe Luc Ferry dans son livre éponyme. Comment bien vivre avec cette réalité angoissante de la finitude qui, au-delà de l'idée de notre mort biologique, fait résonner aussi une peur plus profonde encore, celle de l'irréversible, du « plus jamais... » ?

En ayant la foi ? En philosophant ? Ou en brûlant la vie par les deux bouts pour ne pas sentir cet effroi ?

À chacun sa solution et son salut, notion très importante pour notre sujet sur l'ouverture et le bonheur, car elle est en lien direct avec toutes nos recherches et nos stratégies humaines de « sortie » destinées à nous apaiser et à nous faire du bien face à ce qui nous terrifie : notre mort bien sûr, mais aussi celle des personnes que nous aimons.

Pour vivre avec le moins d'angoisse possible cet effroi existentiel, poursuit le philosophe, les religions ont répondu en nous disant : « n'aie plus peur, aie confiance et laisse-toi porter par la croyance ».

La philosophie, quant à elle, nous propose à peu près la même chose à une nuance près : « n'aie pas peur, aie confiance, et essayons d'y réussir sans faire appel à Dieu. Utilisons la raison et non la foi, raisonnons ensemble ».

---

16. Luc Ferry, *Apprendre à vivre : Traité de philosophie à l'usage des jeunes générations*, Plon, 2006.

Dans les deux cas, le combat est le même : il s'agit de nous sauver de cette peur primitive déterminante pour l'ensemble de notre vie.

Ce qui est intéressant pour chacun de nous, c'est d'essayer d'entrevoir le lien que nous entretenons avec la mort. Sommes-nous des autruches qui, la tête dans le sable, nient son existence ? Ou sommes-nous constamment angoissés, ligotés dans l'hyper attachement et la fusion/confusion avec nos proches, de peur de les perdre en permanence ? Ou bien encore, puisque cette vie est absurde, nous répétons-nous sans cesse comme le Sisyphe de Camus qu'il vaut mieux « sentir sa vie, sa révolte, sa liberté, et le plus possible, [...] vivre[17] » ? Ou enfin, cultivons-nous un entre-deux en considérant que la mort est un état transitoire, un passage, que la vie est précieuse, qu'il faut la chérir, en prendre soin, tout en acceptant sa part de drame et de chaos, et l'inévitable « côté élémentaire et définitif de l'aventure »[18] ?

> « Ce qu'il est important de comprendre, c'est qu'en nous connectant à la mort et l'impermanence, nous pouvons développer une forme de résilience, cultiver une forme de créativité et une certaine flexibilité, car notre esprit s'ouvre davantage. Nous le savons, nous sommes en proie à des peurs, des doutes, de la souffrance. Or, le fondement de ces peurs vient du fait que nous n'acceptons pas la mort... Or, nous mourons tous les jours. Si nous acceptions la mort, nous comprendrions que nous renaissons aussi chaque jour. Comprendre le processus de la mort est une manière de vivre pleinement. »
>
> Yongey Mingyour Rinpotché[19]

17. Albert Camus, *Le Mythe de Sisyphe*, Éditions Gallimard, 1942.
18. *Ibid.*
19. Entretien avec Yongey Mingyour Rinpotché, maître et moine bouddhiste appartenant aux lignées Nyingma et Karma-kagyu du bouddhisme tibétain. https://bouddhanews.fr/yongey-mingyour-rinpotche/ (25/10/2019)

Comme le dit Yongey Mingyour Rinpotché, il faudrait savoir « prendre le thé avec la mort ». Il n'y a rien de tragique dans l'histoire, c'est même tout le contraire : être conscient du temps qui passe et qui nous reste est un joli hymne à la vie, qui nous aide à savourer chaque instant !

Pour cela, essayez de vous projeter et de vivre une journée comme si vous alliez mourir le soir-même. Observez ce que cela provoque et change en vous, observez comment cela impacte vos pensées, vos émotions, les rapports avec vos proches… Observez comment cela influe aussi sur vos envies, vos choix, vos décisions, vos regrets peut-être…

LES CINQ PRINCIPAUX REGRETS DES PERSONNES EN FIN DE VIE

Bronnie Ware[20], une infirmière australienne qui s'est occupée de personnes en fin de vie pendant de nombreuses années, a recueilli leurs derniers mots afin de nous permettre d'apprendre d'eux et de nous poser les bonnes questions tant qu'il en est encore temps…

- *J'aurais aimé avoir le courage de vivre comme je voulais, et non pas comme on voulait que je vive !* = affirmation de soi.
- *Je regrette d'avoir travaillé si dur !* = équilibre de vie.
- *J'aurais voulu avoir le courage d'exprimer mes sentiments !* = affirmation de ses envies.
- *Je regrette de ne pas être resté en contact avec mes ami(e)s !* = valeur de l'amitié.
- *J'aurais aimé m'autoriser à être plus heureux !* = prise de conscience.

Dans le même esprit, John Izzo, auteur du livre *Ce qu'il faut savoir avant de mourir*[21], conseille de réfléchir à sa vie et de se poser régulièrement les trois questions suivantes :

20. Bronnie Ware, *Les 5 Regrets des personnes en fin de vie*, Guy Trédaniel Éditeur, 2013.
21. John Izzo, *Ce qu'il faut savoir avant de mourir*, Le Monde différent, 2010.

- Est-ce que j'écoute mon cœur et est-ce que je suis fidèle à moi-même ?

- Ma vie est-elle axée sur ce qui compte vraiment pour moi ?

- Suis-je la personne que je veux être dans ce monde ?

Il est encore temps, alors ayez confiance, ouvrez les portes en grand, saisissez l'opportunité et transformez !

Moi et ma fermeture

Parmi tous les comportements de fermeture que nous pouvons aisément repérer chez toutes les personnes que nous trouvons horripilantes et désagréables dans nos vies de tous les jours, nous savons à présent qu'il y a un seul point commun : nous-même. C'est-à-dire notre regard, notre façon de voir, de comprendre, de recevoir, de ressentir, de réagir.

Le hic, c'est qu'avant de comprendre que la fermeture se situe en nous, nous perdons notre énergie en polarisant notre regard en premier lieu sur l'extérieur, comme le taureau concentré sur le chiffon rouge du toréador. Normal me direz-vous car, par nature, nos yeux sont conçus pour regarder le dehors.

Source première de nos perceptions, notre regard ne s'arrête pas là : il est à l'origine de notre entière sensibilité et de l'ensemble de notre réalité. C'est bien connu, un simple changement de regard amène un changement complet de réalité.

Changer de regard sur la fermeture

Pour rendre notre vie plus fertile et plus douce, pouvoir nous libérer de nos propres limites et des systèmes de fermeture qui nous emprisonnent dans une étroite version de nous-mêmes, nous devons opérer trois mouvements :

1. Comprendre que le problème n'est jamais l'extérieur, l'autre ou la situation, mais le regard que l'on porte sur eux.

2. Opérer un retournement, changer l'angle de notre regard et commencer par observer ce qui se passe en nous, à l'intérieur,

plutôt que ce qui existe hors de nous, à l'extérieur. Cela implique de prendre conscience et d'accepter que l'on porte en soi de vrais gros beaux points de fermeture. Ce n'est pas une nouvelle super agréable, d'autant que l'on aimerait se voir autrement. C'est néanmoins une démarche incontournable.

3. Faire un *check* tendre et méthodique de chaque point de fermeture intérieure. Un jugement, une crispation, une émotion négative ? On accueille et on accepte afin de pouvoir transformer cela en « quelque chose » de fertile pour soi et pour les autres !

Explorer son propre « royaume » de fermeture

Prenons un exemple quotidien tout à fait banal.

Un matin, on se réveille en retard. En se levant, on se cogne le petit doigt de pied contre un objet qui n'a rien à faire là. Aïïïe ! Forcément, ça fait super mal. Et ce n'est pas de chance parce que, en plus, on est déjà en retard. Résultat, cette douleur crée en nous une micro – ou une grosse – colère, qui nous conduit à maudire celui ou celle qui a eu la mauvaise idée de laisser traîner cet objet en plein milieu de la pièce.

Douleur, colère, mauvaise d'humeur = fermeture immédiate dès les premières heures de la journée !

Après un petit-déjeuner pris à la va-vite en gendarmant les enfants qui lambinent (hop, des points de fermeture supplémentaires), on enchaîne sur une querelle avec le voisin qui a mis sa voiture devant le portail. Vraiment pas cool ! (Re-hop, des points de fermeture supplémentaires).

En route, un automobiliste mal embouché nous insulte à travers la vitre (nouveaux points fermeture !). S'ensuit une longue ronde de tracasseries : collègues décidément incompétents, serveur grincheux au restaurant, nouveau dossier à boucler de toute urgence, migraine émergente, chéri/e de mauvais poil (et encore de nouveaux points de fermeture…).

Vous voyez le genre de journée « VDM » ? Le genre de *bad day* rempli de multiples petits ou gros couacs et de contrariétés ! Ça vous rappelle quelque chose ?

Devenons Sherlock Holmes pour un instant et partons en quête des indices qui peuvent nous aider à comprendre comment cette fermeture se met en place. Car ce n'est qu'ainsi que pourra réellement commencer notre chemin vers l'ouverture…

Les signes que m'envoie mon corps

Notre corps – merci à lui ! – est le premier à nous indiquer que la fermeture est présente. Il nous le dit avant même que notre conscience, à son tour, entre dans le jeu. Crispation, tension, crampes, tremblements parfois… au niveau organique et anatomique, la fermeture entraîne un ressenti plutôt désagréable, un genre de *feel bad*. Nos battements de cœur s'accélèrent, notre souffle devient court, notre ventre se serre. En gros, dans le corps, la sensation globale ressemble à une contraction : ça bloque, ça serre, ça tend, ça coince, ça refroidit, ça irrite.

Ce qui se passe à l'intérieur finit par être visible à l'extérieur. Notre visage se renfrogne, nos bras se bloquent sur la poitrine, nos épaules s'affaissent et se replient, nos mâchoires se serrent, nos sourcils se froncent.

La PNL (ou programmation neurolinguistique), qui s'attache à décrypter le langage corporel, démontre qu'une posture de fermeture du corps n'est que le prolongement d'une fermeture interne.

Dans une vidéo sur le langage du corps, la psychologue sociale Amy Cuddy[22] parle d'une expérience consistant à demander à plusieurs personnes de prendre des « poses de puissance », puis des « poses d'impuissance ». Toutes les poses de puissance ont montré un corps ouvert, en expansion, prenant sa place dans l'espace, avec torse bombé et décontraction musculaire. À l'inverse, les poses d'impuissance ont systématiquement montré un corps fermé, recroquevillé, tassé sur lui-même, aux membres contractés et souvent croisés.

Les signes du corps sont ainsi les premiers indices qui peuvent révéler notre état de fermeture.

Les signes que m'envoie mon cerveau

Ce qui se passe dans notre esprit fournit aussi de gros indices de fermeture : « tournage » en boucle, ruminations, jugements, croyances catégoriques… Ça vous parle ?

Notre cerveau pense non-stop ! Il est comme un générateur automatique de pensées souvent hors de contrôle. Certaines études[23] estiment que nous avons entre 12 000 et 60 000 pensées par jour. Si nous tablons sur une moyenne de 30 000 pensées par jour, on obtient une pensée toutes les 3 secondes. Nos pensées évoluent souvent dans un périmètre restreint. Certaines études montrent ainsi que 90 % d'entre elles sont non seulement à peu près les mêmes chaque jour, mais que la plupart d'entre elles sont négatives… L'ombre de la peur encore. Ces pensées seraient orientées dans leur grande majorité soit vers le passé, soit vers le futur – parfum de nostalgie ou de projection d'anticipation – : « Je n'aurais pas dû faire ceci ou cela », « J'aurais dû faire ceci ou faire cela », « J'aimerais bien retourner dans le même lieu de

22. https://www.ted.com/talks/amy_cuddy_your_body_language_may_shape_who_you_are?language=fr#t-88205
23. NSF International – *The Public Health and Safety Organization* : www.nsf.org.

vacances… », « J'espère qu'il va me téléphoner », « La prochaine fois, je ferai comme ceci », etc. Nous ne disposons donc pas d'une grande marge de manœuvre pour être vraiment dans la détente de l'instant présent !

> « Si tu es déprimé, tu vis dans le passé. Si tu es impatient, tu vis dans le futur. Si tu es en paix, tu vis dans le présent. »
>
> Lao Tseu

À cet état « ordinaire » s'ajoutent les moments où notre esprit tourne en boucle comme un poisson dans son bocal et fabrique nos fameuses ruminations mentales… L'ombre de la peur toujours. Les ruminations mentales ont ce formidable talent d'empoisonner nos jours comme nos nuits, nous enfermant dans le cercle vicieux des pensées négatives qui génèrent des émotions dites « négatives » telles que la peur, l'anxiété, la tristesse, la jalousie, la colère… Prises de têtes, mental fatigué, agité, insécure, rempli de questions sans réponses, de jugements, de commentaires stériles et négatifs ou de certitudes gravées dans le marbre renforcées par une volonté d'avoir raison à tout prix. Notre esprit se replie sur lui-même et se recroqueville, nous coupant de notre vitalité et de notre liberté intérieure, n'offrant plus aucun espace d'accueil, freinant notre envie d'agir et n'arrivant plus à se nourrir de la fraîcheur de l'extérieur.

La solution ? En prendre conscience, écouter nos discours intérieurs, accueillir notre émotion racine, la peur par exemple, identifier les besoins qu'elle exprime, agir tout en douceur, respirer, marcher dans la nature et méditer…

JUGEMENT DE FAIT *VS* JUGEMENT DE VALEUR

Le jugement est une démarche intellectuelle par laquelle nous nous formons une idée, une opinion, un avis, un sentiment sur nous-même, sur quelqu'un ou sur quelque chose.

- Le jugement de fait se fonde sur une observation neutre et objective. Par exemple, « Chéri, tu as mis une chaussette bleue et une chaussette rouge », « Il neige aujourd'hui ».
- Le jugement de valeur implique une évaluation et une appréciation subjective. Il peut être négatif ou positif. Par exemple : « Chéri tu es décidément vraiment insupportable, tu as mis une chaussette bleue et une chaussette rouge ! », « *La Pie* de Claude Monet est le tableau le plus réussi sur la thématique de la neige ».

S'extraire d'une fermeture mentale nécessite aussi de savoir sortir des jugements de valeur négatifs. Ces derniers, lorsqu'ils sont dirigés contre nous – comme « je suis nul » –, ne participent pas au meilleur dialogue intérieur que nous pouvons entretenir pour nous donner confiance et estime.

Quant au jugement de valeur négatif appliqué à autrui – « tu es nul » –, il bloque la communication harmonieuse et constructive en amenant notre interlocuteur à s'enfermer dans une posture d'autodéfense, voire de contre-attaque. Complètement délétère au dialogue, le jugement de valeur négatif s'exprime par des propos moralisateurs ou des reproches, des oppositions, des critiques, des accusations, des comparaisons, des catégorisations, avec souvent de franches connotations de généralisation et de globalisation – « Tous les… sont des… », par exemple.

Non seulement ce type de jugement ne repose sur aucune vérité, mais il nous enferme dans une réalité qui ne reflète finalement que notre état d'esprit. Triste histoire de l'arroseur arrosé.

Solution : travailler sur la motivation qui nous pousse à juger et à avoir raison, et/ou essayer un concept *feel good* américain, le *judgment detox*, autrement dit la cure détox de jugements sur les autres.

LE *JUDGEMENT DETOX*, OU COMMENT ARRÊTER DE JUGER POUR MIEUX AIMER

Le jugement, réflexe inévitable qui « anesthésie notre sentiment d'inconfort profond, né de souffrances anciennes que nous ne voulons surtout pas reconnaître ni identifier », nous empêche de nous aimer et d'aimer correctement ceux qui nous entourent.

Gabrielle Bernstein, célèbre gourou américaine du bien-être, propose une méthode en six étapes pour apprendre à s'aimer et aimer les autres en jugeant moins.

1. Se rendre compte de son jugement, sans jugement.
2. Accepter sa blessure.
3. Faire de l'amour une priorité.
4. Voir pour la première fois.
5. Couper les cordons [avec la partie de soi qui s'érige en juge].
6. Transformer ses ombres en lumière.

Ce processus « offre un chemin vers la vraie guérison, l'unité et une connexion plus profonde avec l'univers et ceux qui nous entourent[24] », indique Gabrielle Berstein.

Les signes que m'envoient les autres

L'état et la nature de nos relations avec notre entourage peuvent également nous en dire long sur notre degré de fermeture. Si je me trouve en conflit permanent avec tout le monde, c'est vraiment le signe que quelque chose cloche, non pas chez les autres, mais bien chez moi. Si je m'aperçois que les situations ou les schémas d'échec se multiplient dans ma vie, si je me sens perpétuellement insatisfait dans mon parcours, si mon existence est teintée d'ennui et de solitude, cela veut bien dire que, à un moment ou à un autre, j'ai bloqué

24. Gabrielle Bernstein, *Judgement Detox: Release the Beliefs That Hold You Back from Living a Better Life*, Hay House UK, 2018.

l'énergie et je n'ai pas su installer des relations saines et nourrissantes avec le monde extérieur. Mon état de fermeture intérieure s'est propagé hors de moi, altérant mes interactions avec ceux qui m'entourent.

Néanmoins, et c'est un point important, ne confondons pas, dans le domaine relationnel, fermeture et fermeté. Nous sommes parfois amenés, au gré de nos échanges ou des circonstances, à des prises de position fermes. Il peut s'agir de faire valoir notre point de vue ou de défendre notre conviction profonde, attitudes qui sont évidemment à différencier de la posture de fermeture. La fermeté est la marque d'une décision consciente, d'un choix assumé, d'une pose de limites entre soi et l'autre, tandis que la fermeture révèle au contraire la prédominance de l'irrationnel et d'un inconscient non maîtrisé.

Les signes que me renvoie ma façon d'être

Enfin, le quatrième et dernier indice auquel nous devons prêter attention pour débusquer les traces de fermeture concerne tout ce qui a trait à nos comportements quotidiens, à nos habitudes, à nos modes de fonctionnement. Comment ai-je tendance à agir et réagir? Quelles sont mes mauvaises manies, mes travers? Suis-je souvent en train de râler, de critiquer, d'être dans le jugement, la peur ou la méfiance? Est-ce que je condamne l'autre d'office? Mes pensées et mes paroles tournent-elles en rond comme un disque rayé? Vais-je souvent considérer l'autre comme un adversaire ou, pire, un idiot ou un ennemi? Ai-je de la peine à me remettre en question ou à admettre que je peux me tromper? Mon humeur est-elle facilement assombrie par l'irritabilité et la nervosité?

Si, en m'observant, je prends conscience de ce genre de tendances dans mon comportement, c'est bel et bien le signe que je porte en moi des éléments de fermeture.

Alors bien évidemment, il n'existe pas de personnes 100 % ouvertes ou 100 % fermées. Chacun oscille entre ouverture et fermeture au gré des compréhensions, des émotions et des situations rencontrées.

Tout notre travail va consister à gagner en rapidité à s'ouvrir, et en durée d'ouverture, en ayant confiance en l'idée qu'il n'y a pas d'autre possibilité pour être heureux et en pleine possession du pouvoir de sa vie !

Il ne faudra jamais oublier que nous avons un réel pouvoir sur notre esprit, donc sur notre façon de voir, d'agir et de réagir. C'est de nous-même qu'il est principalement question, pas des autres ! Car nous n'avons aucun pouvoir sur l'autre.

L'ouverture est une affaire de prise de conscience et de conduite généreuse et vertueuse. Nelson Mandela, qui a passé vingt-sept ans derrière les barreaux, écrivait : « En faisant scintiller notre lumière, nous offrons aux autres la possibilité d'en faire autant. » Fermeture, quelle fermeture ? À méditer…

Deuxième mouvement : **cheminer vers l'ouverture**

À la recherche de l'ouverture

> « Connaître, c'est ou bien monter au ciel et voir, ou bien plonger en soi-même pour recevoir le ciel et se souvenir. »
>
> Pythagore

Dix centimètres, ce n'est pas beaucoup n'est-ce pas ? Et pourtant, c'est par là que tout commence ! Notre existence commence par une ouverture. Une ouverture de col qui nous fait passer d'un monde à un autre. De la tranquillité et de la chaleur d'un ventre maternel, à l'agitation, au froid, au bruit et à la lumière brutale… *Welcome into this world !*

Le paradoxe de l'ouverture

Définir l'ouverture

« Ouverture »… Rien qu'à la prononciation de ce mot, des images, des sons, des sensations, des odeurs, des flashs nous inondent joliment. C'est tout à fait autre chose que les évocations de fermeture vues dans le chapitre précédent ! De suite, un effet « woow » à l'intérieur de notre corps nous fait du bien, qui nous relie à on ne sait quoi et nous démultiplie.

> « L'ouverture est un champ infini des possibles… synonyme de renaissance, de liberté. »
>
> Natacha, groupe des Insiders, Facebook

De quelle nature est l'ouverture exactement ? De quoi est-elle faite ? Comment et pourquoi nous procure-t-elle cette énergie et cette sensation de bonheur ? Et comment la reproduire le plus possible et la faire durer le plus longtemps possible afin d'augmenter notre potentiel de bonheur, voire de le reprogrammer tout en douceur ?

À la recherche de l'ouverture… Premier réflexe : aller regarder la définition du mot dans le dictionnaire Larousse : « Action d'ouvrir, fait de s'ouvrir. » Laconique… Passons à la définition du verbe « ouvrir » : « v.t. Défaire, détacher, déplier, etc. ce qui était attaché, plié, fermé, etc. (ouvrir un livre, un paquet, des huîtres, etc.). Présenter une ouverture, un passage (ouvrir une fenêtre). Faire un passage, le créer ou le libérer pour permettre la circulation (ouvrir une piste dans la jungle). Donner accès à quelque chose, lui rendre un domaine accessible. Ôter, dégager, dévisser l'obstacle qui isole l'intérieur de l'extérieur de quelque chose (ouvrir une bouteille avec un tire-bouchon). Déplacer les éléments mobiles d'un système de fermeture de telle sorte que le passage entre l'intérieur et l'extérieur est rendu possible (ouvrir un verrou, une fenêtre). »

Et enfin, pour le plaisir : « s'ouvrir, v. pr. S'épanouir en parlant d'une fleur. »

> « L'ouverture, c'est quand j'ouvre les volets le matin pour découvrir la couleur du ciel et m'ouvrir à cette nouvelle journée qui commence, avec toutes les surprises qu'elle va m'apporter. »
>
> Erick, groupe des Insiders, Facebook

Nous voyons tous clairement ce que c'est que d'ouvrir le bal, ouvrir la marche, une voie, les yeux, les oreilles, l'appétit, le jeu, ouvrir une porte, les frontières, un compte en banque, son parapluie… L'ouverture est partout, dans le domaine de la philosophie, de la psychologie, de la spiritualité, de la religion, de la musique, de la photographie, de l'architecture, des mathématiques, dans le vocabulaire militaire ou de la danse, aux échecs ou en rugby… En entreprise, elle est considérée non plus comme un geste, une action ou un mouvement, mais comme une qualité qui fait même partie des premiers *soft skills*[25] à avoir pour une bonne collaboration.

Mais à partir de là, ça se complique, car cette ouverture qui fait appel à de nombreuses qualités humaines est, à vrai dire, difficile à cerner et à mesurer tant elle est indéfinissable et relativement mystérieuse !

On peut spontanément dire à quoi l'ouverture fait écho : à l'accueil, à la détente, au calme, à la confiance, à la souplesse, au chaleureux, au confortable, au facile, au tendre, au contenant, à l'aimant, au grand, au désirant, au serein, à la paix, à la joie, à l'espoir, mais aussi à la clarté, la lucidité, la fluidité, au possible, à l'acceptation, au fertile, au généreux, à l'abondant, à l'inventif, au prolifique, à l'inépuisable, au plein… Mais de là à en saisir sa nature, sa consistance… De quoi est-elle faite et sur quoi nous ouvre-t-elle ? Mystère et boule de gomme !

Indéfinissable mais indispensable. C'est là toute sa difficulté et son grand paradoxe.

L'ouverture est absolument primordiale pour évoluer, aimer, être HEU-REUX et LIBRE !

> « L'ouverture me permet de prendre une grande bouffée d'air, à l'inverse du mot "fermeture", qui évoque un sentiment d'oppression. Fermeture = porte close / Ouverture = champ des possibles. »
>
> Chantal, groupe des Insiders, Facebook

25. Les *soft skills* représentent les aptitudes et les qualités personnelles.

Même si on peut aussi se bercer d'illusions, comme le dit Abdennour Bidar[26], philosophe et ami… : « On peut aussi être heureux fermé, hélas, enfin, on peut le croire ainsi ! Tout simplement parce qu'il y a beaucoup de bonheurs illusoires. On peut être du coup persuadé d'être dans le bonheur, alors qu'en fait, on tient à des choses hyper superficielles, qui ne nous donnent pas vraiment rendez-vous ou accès à nous-même. On peut vraiment avoir l'impression d'être heureux puisque le bonheur est de l'ordre de l'illusion subjective… mais on va passer toute une vie à la périphérie de notre propre existence ! Alors moi, je pense que ce bonheur-là est une illusion, car je suis de ceux qui pensent que le bonheur ne peut se trouver que dans l'ouverture. Et cette ouverture-là, si je dois lui donner un nom, c'est une vraie respiration. »

Même si l'ouverture nous met en état de vulnérabilité, par peur d'être blessé, trahi, malmené… et même si certains moments de fermeture peuvent aussi être utiles, voire nécessaires, pour nous protéger, reprendre des forces et nous ressourcer de temps à autre, on peut difficilement respirer le bonheur si la fermeture est un fonctionnement structurel. Être heureux de manière authentique, dans un véritable élan de vie, en accueil et en lien harmonieux avec soi, les autres, son environnement et la vie est impossible en étant fermé. C'est antinomique et on ne peut alors qu'être faussement heureux… Potentialité qu'il faut travailler et cultiver, l'ouverture reste la seule façon de parvenir au bonheur, et la seule direction à suivre.

À GARDER EN TÊTE

Sans ouverture, pas d'accès :
- à l'amour ;
- à la vie et son mouvement ;
- à notre capacité de transformation ;
- à notre force intérieure ;
- au bonheur.

26. Abdennour Bidar est l'auteur de nombreux ouvrages dont *Les Tisserands. Réparer ensemble le tissu déchiré du monde*, Les liens qui libèrent, 2016.

C'est mon incroyable révélation : l'ouverture est à la base de tout ! Elle est le premier sas intérieur immédiat, sans lequel rien ne peut se transformer à notre avantage.

Cette ouverture-là est l'inverse d'une quête du bonheur construite sur une perspective lointaine, incertaine, faite d'idéal, d'illusion, d'éphémère et d'éléments extérieurs que nous ne maîtrisons pas et qui ne dépendent pas que de nous. Elle est cette capacité intérieure de bonheur accessible et atteignable immédiatement, à chaque instant, dans n'importe quelle situation.

Ainsi, l'ouverture à mes sentiments, à l'autre, à la situation, à la joie, à la beauté, à l'amour, à la vie ne dépend que de moi et de ma capacité à m'ouvrir ou me rouvrir à un instant T. C'est là le grand intérêt et l'énorme atout de l'ouverture : nous pouvons avoir une action sur elle, immédiatement, de la même manière que nous pourrions appuyer sur un bouton *on*, ouvrir une porte ou actionner un mécanisme simple. *In* et *out*, ouverture et fermeture.

Et vers quoi nous conduit-elle ? Au-delà de sa capacité à nous inscrire dans la saveur de l'instant présent, elle nous amène dans une extraordinaire mutation intérieure de l'ensemble de notre organisme. En effet, à force de gestes d'ouverture, de gentillesse, de sourires, de générosité, etc., notre corps fabrique de sympathiques hormones du bonheur qui, elles-mêmes, font non seulement du bien à notre moral et notre santé, mais peuvent également transformer une personne de nature plutôt anxieuse en une personne plus positive. C'est une histoire de chimie !

L'ouverture n'est pas seulement une conduite morale à suivre ou une politesse à respecter, mais un moyen révolutionnaire de transformation intérieure… et extérieure. Parce que transformer son intériorité provoque la transformation de son environnement extérieur.

Ainsi je change et le monde entier change.

En me transformant d'abord moi-même de l'intérieur, je construis des fondations de bonheur plus solides, qui vont ensuite me permettre d'être encore plus aidant et aimant envers mon entourage.

> « Soyons le changement que nous voulons voir dans le monde. »
>
> Gandhi

Ressentir l'ouverture

Commençons par ressentir ces sensations dans notre corps

> « Chez moi cela se joue vraiment au niveau du ventre… Lorsque cela s'ouvre en moi ou se ferme, mon ventre se détend ou se serre. C'est vraiment mon baromètre interne. »
>
> Charlotte, groupe des Insiders, Facebook

De manière générale, nous expérimentons l'ouverture et reconnaissons ses effets dans notre corps, par des sensations de calme, de détente, de souffle posé, non obstrué, d'apaisement, de bien-être et d'énergie joyeuse. Au niveau de l'esprit, nous pouvons laisser voguer nos pensées sans rien forcer, juger, décider ni vouloir de particulier, sans chercher à avoir raison à tout prix, sans vouloir « gagner » ou défendre quoi que ce soit, sans rien brusquer ni exiger… Et au niveau du cœur, nous pouvons éprouver un sentiment d'amour, ressentir une sensation d'espace, d'expansion, de joie, de confiance, de liberté, d'alignement, de connexion, de fusion, d'union… Une expérience totalement orgasmique !

Les moments où nous pouvons ressentir l'ouverture…

Les grands ascètes du monde entier le savent : pour ressentir l'ouverture, il faut faire de la place. Il faut faire le vide en soi, en mode réception et accueil de ce « quelque chose » qui nous apporte la détente et nous transforme progressivement en une meilleure version de nous-même. Pour cela, plusieurs « possibilités » s'offrent à nous…

Pour rencontrer l'ouverture, rendez-vous en premier lieu avec **l'immensité** : en haut d'une montagne, devant la ligne d'horizon d'un bord de mer, plongé dans l'émouvant spectacle du désert, d'un paysage de nature sans limites, ou immergé dans un ciel étoilé… Face à cette grandeur majestueuse, on est traversé par une sensation intense de connexion et d'ouverture. Au point même d'avoir l'impression parfois de faire l'amour au ciel, à la mer ou à la terre…

L'ouverture est également accessible lorsque nous partageons ce sentiment d'amour et de tendresse nourri d'un vrai lien de cœur, ou que nous faisons l'amour. **L'amour**, lorsqu'il s'exprime dans un acte sexuel, peut toucher cette fameuse dimension de soi et de l'autre, transcendantale, divine même, qui provoque l'ouverture et le jaillissement de cette incroyable énergie qu'est la kundalini. Ouvert au plus grand que soi, cœur, esprit et sexe connectés, on est traversé et relié à l'autre dans la dimension la plus généreuse, élevée, authentique et sincère de soi, tout en étant en totale fusion avec l'autre. Cette sexualité sacrée n'est pas là pour satisfaire les pulsions, les désirs, les manques ou les peurs, mais bien pour transcender l'être et le combler.

> « Ouverture ? Au monde, au bonheur, à l'amour… Un nouvel amour qui va pointer son nez. Joies et plaisir à venir ! Ouverture vers le monde, les autres, et soi. »
>
> Stéphane, groupe des Insiders, Facebook

La méditation donne accès à cet état de présence, d'accueil, de conscience et d'écoute à ce qui est, tel qu'il est. Cela survient quand on arrive à rentrer en connexion avec nos pensées, nos émotions, nos sensations, avec la vie qui est en nous, sans que nous forcions ou contrôlions quoi que ce soit. On parvient alors à toucher ce « quelque chose » de plus vaste que notre « petit moi », qui nous relie à plus grand que nous et nous ouvre le cœur en XXL.

La prière nous relie elle aussi à cette communication toute particulière et permet cette ouverture au sacré, au plus grand, à cette transcendance ou cet aspect non matériel et universel qui dépasse nos existences individuelles…

Le Qi Gong, le yoga, etc. permettent l'ouverture de nos fameux chakras… D'après les théories ayurvédiques indiennes, les chakras seraient des « portes d'entrée » énergétiques situées dans notre corps pour l'énergie vitale universelle (appelée, selon les cultures, le Chi, le Qi, l'éther, le prâna…). Il y aurait 7 chakras principaux, généralement représentés comme de petites roues, chacune dotée d'une couleur différente, associée à une émotion, un son et reliée à un organe… Leur activation nous permettrait d'harmoniser nos flux énergétiques, de les faire mieux circuler et d'atteindre un état de plus grande ouverture et de plus profond bien-être.

La musique et la danse sont un passeport direct pour s'introduire au centre de notre être et nous transporter dans un état élevé de joie, de bonheur, de dépassement, d'amour et d'espoir. C'est l'effet « woow » au maximum ! Qu'il s'agisse d'un simple battement de tambour, d'une partition de Bach ou d'un morceau de techno, le pouvoir de la musique et/ou de la danse peut nous amener dans un « état second », voire de transe, d'extase hypnotique et méditative qui nous ouvre les portes d'un univers intérieur et extérieur mystérieux. Les chamans les pratiquent d'ailleurs pour permettre l'unité entre l'esprit, le corps, l'âme, la musique et le rythme, afin de faire basculer leur cerveau en ondes thêta (ondes cérébrales correspondant à un état de relaxation intense et de méditation). Résultat : en modifiant ainsi leur perception de la réalité, ils accèdent au monde des esprits, ce qui leur permet de recevoir des informations ou des pouvoirs de guérison.

Entre courbes, traits, rimes, vers et rythmes, **l'art** est aussi un voyage à destination de cet inconnu ou de cet infini qui nous transporte vers ce qui reste à définir.

Un loisir passionnant peut également nous mener vers l'ouverture. Je suis certaine qu'il vous est déjà arrivé de vivre ce genre de moments au cours desquels, complètement absorbé par une occupation qui vous passionne, vous en avez oublié le temps, voire vos besoins essentiels comme manger ou dormir ! Cette forte concentration associée au plaisir et à l'oubli de soi correspond au fameux état de *flow* (« flux » en français) ou d'« expérience optimale » étudié par Mihály Csíkszentmihályi, célèbre psychologue hongrois. Ses principales composantes : l'ouverture sur un « état de conscience modifiée », la fusion entre action et conscience, la perte de la conscience de soi…

L'accès à l'état de transe, d'oubli de soi, et à d'autres réalités peut aussi s'effectuer par le biais de **paradis artificiels**. Soyons clairs : je ne fais aucune recommandation ! C'est juste par souci d'exhaustivité que je mentionne l'effet de ces drogues qui provoquent un état d'ouverture et un état modifié de conscience.

Un bon film peut aussi avoir un effet étonnant… **Le cinéma** est en effet une usine à émotions fortes ; et qui dit fortes émotions positives dit sensations d'ouverture.

Qu'il s'agisse de l'éternel rituel d'un coucher de soleil ou d'une éclipse, de l'allégresse d'un grand match, d'un concert, d'une messe joyeuse et généreuse… les **explosions d'émotions positives collectives** sont aussi une porte d'accès à l'ouverture.

Tous les participants sont alors reliés et unis dans une grande ouverture de cœur et un même sentiment d'allégresse et de fraternité.

La pratique intensive d'un sport permet également de ressentir ce grand frisson, couplé à la sensation jouissive du dépassement de nos propres limites. Le taux d'adrénaline grimpe au plus haut, on est grisé par l'exploit accompli, on se sent VI-VANT ! Les sensations corporelles que nous procure une activité sportive intense peuvent être à ce point euphorisantes et extatiques qu'elles peuvent s'apparenter à l'état de *flow*. Là encore, à la limite de la transe, on accède à une drôle d'ouverture vers des forces intérieures insoupçonnées…

> « L'ouverture est un champ infini des possibles. »
>
> Audrey, groupe des Insiders, Facebook

Tous ces moments sont autant d'occasions qui s'offrent à nous et nous permettent de vivre cette expérience d'ouverture, ce passage à une dynamique qui fait « woow » à l'intérieur.

Mais ce « woow », de quoi est-il fait ? Et sur quoi ouvre-t-il ?

L'origine du « woow »

Nous sommes d'accord : pour être heureux, il faut être *a minima* ouvert, aligné et centré, sinon ça freine, ça grince et ça coince. Mais « aligné » et/ou « centré » par rapport à quoi ?

Dans le langage courant, « être aligné » signifie avoir une vie en phase avec qui nous sommes (ou croyons être), nos goûts, nos besoins, nos valeurs, nos objectifs nos ambitions, etc. « Être centré », c'est être en accord avec nous-même, lorsque nos pensées et nos actions vont dans la même direction.

Il manque une donnée essentielle dans ces définitions. Une donnée qui intègre une dimension bien plus grande que notre petit moi, tendu vers ses propres besoins et ses aspirations. Cette donnée, c'est le cosmos. Cet univers dans lequel nous vivons, qui a ses propres lois et qui, inévitablement, doit interagir avec nous et nous influencer d'une manière ou d'une autre, puisque nous sommes rattachés à lui, que nous en faisons partie depuis des temps immémoriaux.

Je ne sais pas si vous ressentez la même chose mais j'ai parfois l'impression que « tout » est fermé ou, inversement, que « tout » est ouvert. Comme si certaines énergies indépendantes de ma volonté et de mes actions agissaient ou réagissaient. Parfois, j'ai beau tout faire comme il faut, « ça » ne répond pas. Tous les rendez-vous s'annulent ou se reportent, je reçois mauvaise nouvelle sur mauvaise nouvelle. Rien ne fonctionne. Alors que, d'autres fois, le « ça » agit naturellement sans rien faire : des rencontres imprévues s'organisent d'elles-mêmes et ouvrent de nouveaux possibles, tels des cadeaux de la vie. Le « ça » que je ne peux nommer pour l'instant me fait me sentir toute petite, voire relativement impuissante face à certains déroulements ou événements qui, visiblement, ne vont pas dans la direction que j'attendais.

Peut-être est-ce à cause de Fortuna, la déesse du hasard, qui fait tourner sa roue selon ses humeurs pour décider du destin des hommes ? Ou une histoire de cycles saisonniers, biologiques, astrologiques ? Ou encore la loi des séries ? Je ne sais pas vraiment ce qui régit ces phénomènes globaux d'ouverture et de fermeture, mais je les ressens physiquement. C'est pour moi un fait concret, littéralement organique. Il n'y a rien là-dedans de surnaturel : juste une lecture dynamique et mouvante de la vie, incluant cette donnée importante que l'on oublie par manque de sagesse et d'humilité : les lois du cosmos, plus grandes que notre « petit » moi. Les ressentez-vous également ?

Quand on s'ouvre, on s'ouvre sur quoi au juste ?

J'ai cherché longtemps, creusé, interviewé, étudié, pratiqué le Qi Gong, les arts, la méditation, lu de la philo, de la psycho, fait silence, cherché la sagesse, etc., et j'ai fini par trouver des réponses utiles et efficaces, pour moi, qui me permettent d'avancer dans ma démarche d'ouverture, d'être plus heureuse. À chacun son chemin d'ouverture. Le mien s'est bâti sur des années d'étude et de pratique d'enseignements bouddhiques et scientifiques, avec le précieux apport de la psychologie positive. Ce sont ces années d'observations, d'analyses, de compréhension et de travaux pratiques que j'ai le plaisir de partager avec vous dans ce livre. Puissent ces clés vous être utiles tout autant qu'elles me permettent chaque jour de sourire à la vie, même quand celle-ci semble me bouder.

Alors, ce « woow », de quoi est-il fait ? À quoi accédons-nous lorsque nous réussissons à nous ouvrir ? Ce que j'ai compris, c'est que nous arrivons à nous connecter à deux forces incroyablement puissantes :

- l'une est énergie et mouvement ;
- l'autre est amour et compassion.

La première nous connecte à une énergie libre, puissante, organique, issue du grand mouvement naturel de la vie, tandis que la seconde nous connecte à un océan d'amour et de compassion. Toutes deux nous permettent de nourrir et de faire grandir une formidable force intérieure.

Énergie et mouvement

Partons d'une représentation de la vie partagée par de nombreuses spiritualités. En toile de fond, nous avons un principe de vie parfait, harmonieux, où règne l'abondance *open bar*, animé par une mystérieuse force organique interconnectée, toujours en mouvement et constituée d'énergie.

La vie, une force, une dynamique...

Il y a « une force en nous qui nous pousse à persévérer dans notre être, pour exister encore et toujours plus[27] », écrivait Spinoza. Selon Nietzsche, la vie est cette « volonté de puissance[28] », cette dynamique qui nous pousse vers... on ne sait quoi, et lutte fortement contre quelque chose d'autre qui y mettrait un terme, c'est-à-dire la mort. Pour lui, la vie est une énergie, une force vitale qui pousse tout être vivant, de la bactérie aux humains, à étendre son pouvoir sur ce qui l'entoure, à tenter de se l'approprier, de l'assimiler, de le digérer pour le soumettre à sa loi. Aucune question morale de bien ou de mal ici, mais juste un constat : la vie est ainsi faite, elle serait « volonté de puissance ». À la fois force créatrice, évolution, développement et destruction, agressivité.

Par conséquent, du fait de cet aspect ambivalent, quelque chose résiste dans la quête du bonheur. Il nous faut accepter que le principe de vie est effort, mouvement et force, au sens physique du terme. Force qui aurait besoin de son contraire pour exister, dans une alternance de vie et de destruction, d'harmonie et de chaos.

Mouvement, mouvement... La roue tourne.

À l'origine du Ho'oponopono (voir encadré page 43), il y a à peu près la même idée d'une représentation d'un monde fait d'énergie et d'interconnexion. Les Hawaïens croyaient que nous étions connectés les uns aux autres à travers le *aka*, sorte de canal

27. Baruch Spinoza, *Éthique III, Proposition VI (1677)*, GF-Flammarion, 1964.
28. Friedrich Nietzsche, *Par-delà le bien et le mal (1886)*, Folio essais, Éditions Gallimard, 1987.

invisible « éthérique » à travers lequel circule l'énergie de la vie. Toutefois, à cause de nos égos immatures, de nos paroles blessantes, de nos conflits, de nos maladresses, de nos bassesses, ce canal invisible s'affaiblit ou tombe malade. Et c'est le chaos. Résultat : l'énergie cesse de circuler en soi et autour de soi. Le lien est rompu ou altéré entre les personnes. Il est nécessaire de le restaurer pour que les tristesses et les difficultés laissent de nouveau place à l'équilibre et à l'harmonie.

L'idée est que la vie n'est jamais fermée, elle est énergie toujours en mouvement et en évolution. On n'a jamais vu le temps s'arrêter, la nature faire grève, les étoiles cesser de briller, les animaux en liberté renoncer à suivre leurs migrations, le soleil interrompre son cycle… Du côté de la vie, tout est toujours possible, à tout moment et en permanence.

Seulement voilà, pour nous, c'est une autre histoire. Aussi notre mission de petits êtres humains consiste-t-elle à entreprendre un travail de conscience pour pouvoir nous ouvrir à ce flux d'énergie et d'abondance. Il nous faut pour cela :

- Croire en cet ordre naturel des choses et avancer dans la confiance que tout ce qui nous arrive est la meilleure expression de ce qui est nécessaire pour notre progression.

- Dépasser les représentations limitées et illusoires de notre petit moi, de notre égo qui nous maintient dans une vision biaisée et limitée de la réalité.

- Effectuer un travail d'éveil de conscience permettant de se connecter à ce flux d'abondance (« abondance » dans le sens de « champ infini de possibles »).

- Grandir suffisamment en conscience pour revenir à cet état d'origine de « perfection » dont nous provenons et atteindre le « retour » à l'unité. L'UN.

Au cours de cette recherche sur l'ouverture j'ai fait une magnifique rencontre qui me passionne depuis : le Tao, la « mère du monde ». Impression que, comme dans un jeu de points à relier, une figure intelligible prend forme, qui donne un sens et de nombreuses réponses à la question de l'ouverture. Bingo !

Tao est un terme de philosophie chinoise signifiant « la voie, le chemin ». Il est considéré comme « le principe qui engendre tout ce qui existe, la force fondamentale qui coule en toutes choses de l'univers ».

Le taoïsme[29], dont le fondateur est le célèbre sage chinois Lao Tseu, est une spiritualité qui combine philosophie et art de vivre. Elle est vieille de plus de 2500 ans ! Son aspiration ? Comprendre l'univers, le cosmos et ses grandes lois cosmiques, à l'échelle des galaxies, des étoiles, des constellations, et faire le lien avec notre existence humaine. C'est une véritable philosophie existentielle qui tire ses principes d'observation directement de la nature. Sa recherche se porte sur la compréhension des lois du « macrocosme » – le cosmos et le monde qui nous environnent –, qui se reflètent dans l'être humain, le « microcosme ». À partir de là, un ensemble de connaissances et de pratiques se déploient, qui vont de la médecine à l'astrologie, l'alimentation, la nutrition, la méditation, les arts martiaux, le Feng Shui, le Qi Gong, le Yi Jing, l'étude, la lecture, etc. Toutes servent la culture de soi, c'est-à-dire le développement de la personne, son potentiel humain, la santé de son principe vital, qui s'harmonisent avec le rythme naturel cosmique. Cette première porte d'entrée est destinée à construire des fondations faites d'équilibre dans le corps et dans l'esprit, en harmonie avec l'espace, le temps et l'environnement. Puis, sur cette base, l'idée est d'aller plus loin, de renforcer et d'élever son champ énergétique et vibratoire, sa fréquence, sa façon d'être aligné, ancré, enraciné, et ainsi d'entrer plus vigoureusement en

29. Je reprends ici la présentation des principes du Tao par Loan Cheng Feng, enseignante des arts taoïstes.

communication avec le ciel et la terre afin d'atteindre une dimension de soi multidimensionnelle. Il s'agit donc de renforcer son enracinement, son champ énergétique, accumuler du Chi véritable, c'est-à-dire de l'énergie vitale, et d'ouvrir des connexions cosmiques.

> « En résumé que nous dit le taoïsme ? Que l'énergie est partout et en tout. Le taoïsme défend une vision universelle des choses comme manifestation de l'énergie, propose une compréhension de cette énergie, et développe au travers de ses pratiques, une capacité à sentir, utiliser et aller dans le sens de cette énergie à l'origine des changements du monde. »
>
> Serge Augier[30]

Cette philosophie nous enseigne qu'en tout être humain se trouve un potentiel de plénitude et d'harmonie. Lorsque l'être est uni avec le Tao, « la source », une communion avec la vie a lieu. Notre être coule avec le mouvement de la vie et devient un avec lui. Il s'unit avec lui sans pourtant pouvoir le nommer vraiment, ni le connaître. Car malgré cette tendance que nous avons à vouloir objectiver, contrôler et prouver les choses, non seulement le Tao ne peut se trouver que de l'intérieur par la pratique et l'expérience, mais il ne peut être défini. Cela vous rappelle quelque chose, n'est-ce pas ?

« Le but du taoïsme est de revenir à la simplicité de l'enfant tout en cultivant la vertu de la sagesse[31] », écrit Serge Augier. Le taoïsme est un art de vivre avec simplicité et en harmonie avec l'univers et soi-même, intérieurement et extérieurement. Pour y arriver, nous devons nous mettre en position de modestie face au mouvement organique de la nature et de l'univers. À l'image du mouvement naturel d'une respiration, il faut suivre ce flux

30. Serge Augier, *Encyclopédie pratique du Tao*, Flammarion, 2018.
31. *Ibid.*

naturel des choses sans le perturber, vouloir le dominer ou le modifier. C'est le fameux « non-agir » du Tao, qui ne signifie pas ne rien faire, mais simplement choisir ses actions en harmonie.

Donc vivre le Tao, c'est déjà avoir conscience de ce mouvement cosmique, tout en apprenant à l'harmoniser, et en prenant en compte le fait que ce mouvement est animé par deux énergies contraires inséparables et complémentaires qui interagissent et se relaient sans cesse : le yin et le yang.

Le livre du Yi Jing[32] décrit cette loi qui anime toutes les choses vivantes : « La fermeture d'une porte, c'est le yin, comme force d'intériorisation. L'ouverture d'une porte, c'est le yang qui exprime une force d'extériorisation et d'extension. Une fermeture, une ouverture, c'est la mutation », c'est-à-dire le changement, l'impermanence, seule loi fixe de l'univers.

Dans cette logique, toute situation se divise toujours en deux, elle a toujours deux aspects non opposés qui alternent et se transforment mutuellement en permanence. Par exemple, une journée de 24 heures est constituée d'un jour et d'une nuit : la nuit succède au jour et précède le jour suivant. L'un ne peut exister sans l'autre. Comme le montre d'ailleurs l'étymologie des deux mots : « yin » désigne le versant nord de la montagne, et « yang », le versant sud de cette même montagne. Ils sont inséparables ! Aucun ne peut exister isolément.

Dans cette danse subtile et ce mouvement d'évolution constant, on passe de yin à yang et de yang à yin... Ces deux énergies nous traversent sans cesse et animent l'univers tout entier ; elles règnent sur le monde intérieur comme sur le monde extérieur. Aux énergies yang, qui correspondent au ciel, au soleil, au désordre, au chaos, à la dureté, à la masculinité, au feu, à l'action,

32. Le *Yi Jing* (ou *Yi King*), vieux de plus de 3000 ans, est le plus ancien livre chinois et support divinatoire de l'histoire humaine. Le *Yi Jing* est littéralement « le livre majeur *(jing)* des changements *(yi)* ».

à la lumière, au printemps et à l'été… succèdent les énergies yin de la terre, de la lune, de l'ordre, de l'harmonie, de la douceur, du féminin, de l'eau, de la passivité, de la nuit, de l'automne et de l'hiver. Et vice-versa.

L'alternance, la dynamique du monde

Notre monde et notre belle nature sont régis par cette loi fondamentale d'alternance et d'impermanence. Printemps, été, automne, hiver… Et chacun de nous porte en lui-même cette loi de mutation et tous les couples yin-yang : le grand et le petit, le beau et le laid, l'amour et la haine, le vrai et le faux, le bon et le mauvais, la douceur et la violence, le pur et l'impur… En d'autres termes, chaque expérience de notre vie a ses propres temps d'ouverture et de fermeture, de lumière et d'obscurité, de vide et de plein, d'action et d'immobilité, de destruction et de régénération. Notre sagesse consistera à reconnaître ces temps et ces cycles, plus grands que nos courtes existences, à ne pas se battre contre l'inéluctable, à savoir quand patienter et quand bouger.

Rien n'est statique, stable, éternel, et tout n'est qu'oscillation, vibration, alternance, relativité… Nous tenons là une explication solide à ces fameuses portes ouvertes ou fermées que nous pouvons ressentir. Nous comprenons donc pourquoi, malgré nos actions et nos efforts, les obstacles peuvent parfois se multiplier ou, à l'inverse, les opportunités fleurir. Question de cycle, d'énergies et de *timing* ! Il va falloir s'y habituer et faire avec, réagir avec agilité et flexibilité.

Il nous revient donc d'apprendre à nous coordonner aux mouvements du yin et du yang, à suivre leur danse, à entrer dans le *game*, comme disent nos ados, et à savoir aimer la vie avec sa part de chaos *all inclusive*, ce fameux « oui » nietzschéen. Aimer la vie oui, être heureux oui, mais l'aimer avec ses forces contraires et le malheur qu'elle contient pour pouvoir s'en réjouir « quand même[33] » et la traverser pleinement.

Ces deux forces contraires mais complémentaires d'ordre et de désordre, de chaos et d'harmonie, à embrasser sur un même plan (même si l'une est moins agréable que l'autre), me font penser au mouvement de la marche. Car la marche, cette dynamique précaire du début de notre vie, commence par un déséquilibre. Basculement du tronc vers l'avant, qui décale notre centre de gravité en nous laissant quelques microsecondes dans l'inconfort, avant que nous retombions « sur nos pieds », comme le dit si bien l'expression. Dès lors, commence une mise en marche de notre vie, avec sa succession d'élans, de découvertes et de traversées plus compliquées.

D'où l'intérêt de l'impérieuse recherche d'équilibre, pour chacun de nous qui est comme un funambule agile suspendu dans les airs, devant faire face à des forces contraires plus puissantes que son petit « moi ». D'où l'intérêt d'être réceptif et ouvert pour pouvoir s'adapter et s'aligner à l'énergie ambiante, et avoir des chances de retrouver l'harmonie derrière ce qui semble être des obstacles. Enfin, d'où l'intérêt d'apprendre la patience, la flexibilité et la bienveillance, de savoir lâcher prise – dans le sens de lâcher la prise de la tension – et de continuer à avancer avec sérénité… et équilibre !

La vie est donc un perpétuel mouvement. Alors soit on arrive à s'adapter et on surfe sur ce flux naturel, avec à la clé notre propre évolution et notre épanouissement, soit on résiste, on freine, on se ferme à ce mouvement, et là, on régresse forcément. Parce que la stagnation n'existe pas : la Terre tourne comme une toupie, les végétaux poussent, les animaux avancent… L'immobilité et le statique ne sont pas de ce monde.

Respirons et ouvrons-nous au Tao !

---

33. Devise de Sarah Bernhardt que j'ai faite mienne.

LE MOUVEMENT DES GLACES

En 1888, Fridtjof Nansen (explorateur polaire, scientifique, homme d'État, diplomate norvégien et prix Nobel de la paix) a dirigé la première traversée de l'intérieur du Groënland. Lors de son expédition au pôle Nord de 1893 à 1896, il a emmené tout un équipage avec lui pour faire des recherches et se laisser enfermer dans les glaces. Ils ont attendu deux ans, et quand ils ont été libérés des glaces, ils se sont rendu compte qu'ils étaient à des kilomètres de là où ils avaient été enfermés.

Eh bien, la vie c'est ça… on pense que l'on est enfermé dans des glaces, que tout est bouché, fermé, que l'on n'avancera plus jamais ! Mais pendant ce temps, il y a un mouvement quand même… Même dans l'immobilité, il y a un mouvement, quelque chose se passe[34].

> « Tout est énergie, et c'est là tout ce qu'il y a à comprendre dans la vie. Aligne-toi à la fréquence de la réalité que tu souhaites et cette réalité se manifestera. Il ne peut en être autrement. Ce n'est pas de la philosophie. C'est de la physique. »
>
> Albert Einstein

Il n'y a pas que les spiritualités comme le Tao qui le disent, le grand physicien et prix Nobel Albert Einstein aussi : tout dans l'univers est énergie qui vibre à des fréquences variées (le cerveau avec les pensées, l'eau, les couleurs, mais aussi les objets et les corps solides…). Tout est issu de la densification d'une énergie, et notre monde est un grand tout composé d'énergies qui interagissent, bougent, partagent et créent, dans une parfaite interconnexion et mutation.

Aujourd'hui, avec ce principe d'énergie en mouvement, la science moderne rejoint la spiritualité dans sa compréhension de la vie. Le langage est différent mais l'idée est finalement la même. Poètes, scientifiques, philosophes, artistes, sages… ne parlent-ils

34. Raconté par Isabelle Nanty dans « Remède à la mélancolie », France Inter, animé par Eva Bester.

pas, en fait, du même sentiment de transcendance et d'osmose à « quelque chose » de bien plus grand que nous ?

Cette énergie en mouvement est comme un souffle, une respiration – ouverture, fermeture/inspire, expire – qui nous traverse et nous compose. Nous n'échappons pas à son mouvement. Le principe du vivant est une dynamique qui jamais ne s'arrête, ne se bloque ou ne se ferme complètement et indéfiniment. C'est plutôt réconfortant de s'en rappeler, surtout dans les moments difficiles, lorsque, pris dans les mailles de la souffrance, nous ne voyons plus d'issues heureuses, submergés que nous sommes par cette douloureuse impression que rien ne changera jamais…

Un jour, mon cœur était rempli de tristesse à cause d'une blessure affective. Je suis allée au bord d'une petite rivière et j'ai regardé le cours de l'eau avec mes yeux plein de larmes. À un endroit, le petit cours d'eau était obstrué par des amas de feuilles, d'herbes, de branches, de pierres inégales et de petits rochers… L'eau était presque empêchée, mais elle réussissait quand même à passer, à traverser. Rien n'arrêtait sa course. Ces petits obstacles, ce petit barrage naturel n'avaient aucun pouvoir face à sa force motrice. L'eau glissait et cheminait malgré tout. Elle poursuivait sa route. Alors je me suis rappelé la loi de l'impermanence, que tout bouge et que tout se transforme, comme cette eau qui poursuivrait son mouvement perpétuel et son incessante transformation, quoi qu'il arrive – nuage, vapeur, pluie, neige, glace, rivière, océan, buée, rosée, etc. –, en une danse harmonieuse. Et je me suis dit que j'allais faire comme elle ! Après tout, n'étais-je pas constituée à 70 % d'eau ?

La vue de cette rivière et la pensée de son mouvement et de son pouvoir de transformation m'ont aidée à ouvrir mon cœur à nouveau. Me relier intimement à l'impermanence, cette loi cosmique fondamentale et incontournable, a eu un effet calmant et libérateur en moi. Plutôt que de refuser la situation, de résister et de lutter contre cette loi d'alternance – un jour avec, un jour sans, un jour le soleil brille, un autre le ciel est gris... –, plutôt que de rester dans un système fermé de blocage intérieur dans lequel la douleur régnait en maître, j'ai lâché l'idée du moindre contrôle sur la situation. Je pensais, avec mon cœur lourd, offrir mes larmes à la rivière, mais la pensée de ce grand mouvement naturel de la vie que l'on ne peut ni contrôler ni stopper, incarné par cette eau traçant sa course et dépassant ses obstacles, les a fait finalement disparaître. Je n'avais plus de larmes à offrir, tout était parti avec la force du courant, tout s'était transformé et apaisé.

> « Accepte ce qui est, laisse aller ce qui était, aie confiance en ce qui sera. »
>
> Bouddha

Bien sûr, j'aimerais que tout « marche » tout le temps et parfaitement bien dans ma vie – amour, santé, business, etc. –, mais voilà, le réel n'est pas fait ainsi et nous pouvons avoir une légère tendance à l'oublier. Alors maintenant, le but du jeu, c'est d'intégrer cette donnée avec sagesse et tendresse, pour pouvoir nous détacher d'elle et nous rendre libre. Il y aura toujours des hauts et des bas, des moments ouverts et d'autres fermés : alternance inévitable... et finalement souhaitable. Car c'est la combinaison de ces deux forces contraires et complémentaires qui nous fait avancer et grandir.

Acceptons donc une bonne fois pour toutes, avec raison, sagesse et tendresse, cette loi du changement permanent. Baissons les armes tel le samouraï qui n'engage aucun combat qu'il sait perdu d'avance. Lâchons la volonté de puissance désespérée de notre égo, laissons-nous traverser et « soigner » par le mouvement de la vie, afin de pouvoir le transformer, construire, aller de l'avant, et gagner la vitalité, la liberté et la paix du cœur.

Vivre avec la conscience de cette énergie de l'alternance, c'est, d'une certaine manière, arriver à se reconnecter à une dimension plus grande en nous, quitter la peur, et nous rendre plus libres. En s'ouvrant au mouvement éternel de la vie, tout devient possible. En avant toute ! On danse et on avance sur notre belle toupie qui tourne à 1 700 km/h.

Reste à faire corps avec l'univers. Et cela ne dépend que de notre envie et de notre capacité à nous ouvrir…

> « Vous faites partie de l'univers… Tout l'intérêt des connaissances scientifiques, développées ces derniers siècles et ces dernières décennies, est d'apprendre quel est notre rapport avec l'univers, et comment nous sommes des poussières d'étoiles, c'est-à-dire des atomes qui ont été formés dans des étoiles comme celles que nous voyons aujourd'hui dans le ciel… »
>
> Hubert Reeves[35]

Amour et compassion

La tendresse de notre cœur

Commençons par une expérience. Fermez les yeux et prenez quelques instants pour imaginer, au choix :

- un adorable bébé qui vous sourit et agrippe vos doigts avec ses petites mains toutes rondes ;
- un petit chat tout mignon se pelotonnant contre votre giron ;
- un adorable chiot vous regardant comme si vous étiez la septième merveille du monde ;

35. Extrait de l'Interview d'Hubert Reeves sur TV5 Monde en 2011, « Les Étoiles vont sauver le monde », dans le cadre de la promotion de son livre *L'Univers expliqué à mes petits-enfants*, Le Seuil, 2011.

• un agneau en train de gambader dans un pré ensoleillé et verdoyant ;

• un poulain nouveau-né, encore vulnérable et maladroit, cherchant à se mettre debout.

Que ressentez-vous à ces différentes évocations ? Quelque chose qui s'adoucit et qui fond à l'intérieur de votre cœur, n'est-ce pas ? Un élan spontané qui vous donne envie d'ouvrir en grand vos bras, de prendre soin, de protéger… qui ressemble à de la tendresse et à de l'amour.

Lâchons le mental et descendons directement dans le corps pour voir ce que vous ressentez. Sans doute une douce émotion qui ressemble à un marshmallow moelleux à l'intérieur, qui fait chaud dans le corps et qui pourrait même faire naître un doux sourire sur vos lèvres. Cette émotion-là, c'est de l'amour, qui permet de « voir l'autre avec sollicitude bienveillance et compassion, et qui se rattache à l'altruisme dans la mesure où l'on se sent sincèrement concerné par le sort d'autrui et par son propre bien[36] ». C'est l'exact inverse de l'amour basé sur l'attirance physique, qui nous fait voir l'autre comme un objet sexuel avant tout. Au lieu d'être obsédé par l'autre, on est concerné avant tout par son bonheur et on se sent responsable de son bien-être. « Il s'agit là en effet d'un investissement non pas dans le bien-être de l'autre, pas dans son apparence physique et sa sexualité. Un investissement non pas pour l'autre, qui est considéré comme un instrument, mais pour soi-même, pour son propre plaisir[37] ».

36. Matthieu Ricard, *Plaidoyer pour l'altruisme*, NIL, 2013.
37. Barbara Fredrickson, *Psychology of Women Quaterly – L'Amour, émotion suprême*, note 9, citée par Matthieu Ricard dans *Plaidoyer pour l'altruisme*, *ibid.*

Aimer, c'est prendre soin

Et si on pousse plus loin cette sensation de tendresse, on pourrait ressentir aussi ce que l'on nomme la grande compassion, la tendresse fondamentale, l'amour altruiste ou universel, qui nous connecte à un sentiment de fusion, de communion, d'union, nous rappelant que nous appartenons à un Grand Tout et que nous sommes tous reliés.

Cette ouverture de cœur est si puissante que nous pourrions ressentir une joie de vivre intérieure intense, un bien-être total et une exaltation de tout le corps. Comme une envie de sauter en l'air et d'embrasser tout le monde. Tous frères !

Nombreuses sont les spiritualités qui dessinent la même *big picture* et pensent qu'il existe en chacun de nous une source de sagesse éveillée ou de « bonté fondamentale ». Que notre fond est profondément bon, que nous sommes faits d'amour et de compassion, qu'il est possible d'expérimenter lors de nos moments d'ouverture de cœur, petits ou grands. Un effet « woow » dans le cœur, qui se vit comme un retour aux sources, un état originel. Au fond, en nettoyant l'accumulation de nos couches d'égo successives, nous serions lumière, ouverture, amour, et bienveillance !

Des exemples ? Les saints, les justes, les *wali*, les *ārya*, les *bodhisattva*… sont tous des hommes ou des femmes qui se sont distingués par leur ouverture, leur générosité de cœur et leur élévation spirituelle. Tous sont de grandes figures de sagesse, de douceur, d'amour, de compassion, d'équanimité, et se distinguent par leurs grandes qualités d'âme, leur bonté et leur rayonnement moral, qui apparaissent comme universels. Ils ont tous réalisé cette notion de « réalisation de soi » ou d'« Éveil » enseignée dans la tradition bouddhiste, d'« illumination » pour les enseignements hindous, ou de « Salut » pour les chrétiens. Tous deviennent UN, en union avec l'univers ou un principe divin.

Cette ouverture qui nous permet de nous reconnecter à cet endroit en nous où tout est bienveillance, bonté, amour et joie n'est-elle pas en totale contradiction avec le fonctionnement basique de notre cerveau ? Celui-ci étant plutôt formaté par et pour la survie, donc la fermeture…

Cette contradiction n'est qu'apparente. Oui, notre cerveau archaïque nous programme, par réflexe de survie, sur la fermeture. Oui, nous sommes dotés d'un système d'alerte capable de déclencher promptement les *warnings* et de nous pousser à brandir lances et boucliers pour nous protéger de dangers fictifs ou réels. Mais il n'en reste pas moins que notre nature intrinsèque, celle qui sort de la zone mentale ou instinctive et se tient résolument au niveau du cœur, nous pousse, quant à elle, résolument à l'union, à l'amour et à la paix de l'esprit.

« Il y a une force extrêmement puissante pour laquelle jusqu'à présent la science n'a pas trouvé une explication officielle. C'est une force qui comprend et régit toutes les autres et est même derrière tout phénomène qui opère dans l'univers et qui n'a pas encore été identifiée par nos soins. Cette force universelle est l'Amour. Lorsque les scientifiques étaient à la recherche d'une théorie unifiée de l'univers, ils ont oublié la plus invisible et la plus puissante des forces : L'Amour est Lumière, qui éclaire ceux qui la donnent et la reçoivent. L'Amour est la gravitation, car il fait que certaines personnes se sentent attirées vers les autres. L'Amour est "le courant électrique", car il démultiplie ce que nous avons de meilleur et permet que l'humanité ne s'éteigne pas dans son égoïsme aveugle. L'Amour révèle et se révèle. Par l'Amour, nous vivons et mourons. »

Albert Einstein[38]

---

38. Extrait d'une lettre à Lieserl. À la fin des années 1980, Lieserl, la fille d'Albert Einstein, a donné 1 400 lettres écrites par son père à l'université hébraïque de Jérusalem, avec ordre de ne pas publier leur contenu jusqu'à vingt ans après sa mort.

Il existerait donc bel et bien une autre dimension de notre être, qui serait bien plus grande, sereine, lumineuse et bienveillante que nous l'imaginons. C'est tout le fondement de la plupart des grands courants spirituels primitifs, philosophiques ou mystiques.

Chacun ses croyances et ses affinités. Pour ma part, c'est la notion de tendresse fondamentale ou de grande compassion enseignée dans la philosophie et la pratique bouddhistes qui résonne le plus dans mon cœur.

« Compassion » vient du latin *cum patior*, qui signifie « je souffre avec ». C'est la qualité par laquelle on perçoit et ressent la souffrance d'autrui, et désire y remédier. Il s'agit de prendre soin, avec cette motivation d'amour altruiste, pour aider, apaiser, transformer et faire grandir dans une idée d'autonomie. Libre comme l'oiseau…

Dans cette philosophie, bonne nouvelle, nous serions tous Bouddha, c'est-à-dire tous fondamentalement amour, sagesse et compassion. Cette nature présente en chacun de nous serait pure, lumineuse, sans tache, claire, omnisciente et immuable. De plus, nous aurions tous un potentiel d'Éveil libéré de toute souffrance, qui, lorsque nous nous y connectons, nous rendrait spacieux, sereins, libres, clairvoyants, reliés, et pleinement heureux.

L'égo encore…

Alors pourquoi n'y avons-nous pas un accès direct ? C'est à cause de notre bug initial : notre égo qui, comme nous l'avons déjà vu, est notre identification erronée et biaisée devenue une seconde nature avec le temps et qui se méprend sur ce qu'elle est vraiment.

Ainsi, tout notre travail consisterait à nettoyer, purifier, retirer les voiles et les biais de notre égo. À nous de faire le tri.

Derrière cette représentation de bonté fondamentale présente en chacun, se pose directement la question de **la perception que nous avons de l'autre**.

L'autre, partenaire ou adversaire ?

Soit nous considérons notre nature humaine comme étant mauvaise à la base, et notre semblable devient ainsi un adversaire potentiel dont il faut se méfier. Bienvenue alors dans un monde proche de celui de *Blade Runner* ou de *Terminator*, dans lequel l'homme est un loup pour l'homme. Soit nous suivons les pas de ce bon vieux Jean-Jacques (Rousseau !) et des traditions spirituelles ancestrales, en considérant que l'homme est bon par nature.

À vous de choisir la représentation que vous préférez…

Le pari de Pascal et la validation de la science

Pour ma part, j'opte pour la seconde posture : je choisis le postulat de la bonté et de l'ouverture, tout simplement parce que cela me simplifie la vie et la lecture que j'en ai. Cela m'aide à me sentir bien, plus en harmonie et en confiance. Comme un trapéziste qui, pour pouvoir sauter dans le vide, a besoin d'avoir pleinement confiance dans les bras de son partenaire, j'ai besoin, pour pouvoir sauter dans la vie, d'avoir confiance en la force et en la bonté de l'humain qui est en face de moi.

Cela me rappelle le pari de Pascal. Ce philosophe mathématicien a avancé une démonstration sur l'intérêt de croire en Dieu… S'il n'existe pas, le fait d'y croire ne me fait rien perdre. S'il existe, le fait d'y croire peut me faire gagner le paradis ! De la même façon, je préfère vivre avec la croyance que l'homme est bon. Si je me trompe, je vis au moins d'une façon plus détendue et plus agréable avec mes semblables. Si j'ai raison, je profite encore mieux du voyage et je gagne sur toute la ligne !

De plus – grande nouvelle –, cette vision de nature bienveillante et altruiste n'est plus aujourd'hui limitée aux traditions spirituelles, aux gentils moines en robes rouges ou à Jean-Jacques Rousseau. La science le dit aussi.

L'entraide, notre condition de survie

Les études scientifiques actuelles confirment que cette fameuse bonté altruiste aux allures un tantinet utopistes est en fait notre vraie nature ! Neurosciences, psychologie expérimentale, psychologie comparée, anthropologie, paléontologie : toutes sont aux avant-postes de ce renversement de nos vieilles conceptions. Non, l'homme n'est pas un loup pour l'homme, et nous ne sommes pas issus d'une humanité millénaire uniquement composée de brutes sauvages mais, au contraire, d'une humanité qui porte en elle, intrinsèquement, l'entraide et la solidarité pour survivre, et ce dès nos premiers pas !

À l'Institut Max Planck de Leipzig, les psychologues Michael Tomasello et Felix Warneken[39] ont démontré que, dès 14 mois, alors qu'ils apprennent à peine à marcher et à parler, les très jeunes enfants ont la capacité de venir en aide aux autres de manière spontanée. Ce comportement pro-social d'entraide entre en résonance avec notre empathie.

À Vancouver, les psychologues Lara Aknin, J. Kiley Hamlin et Elisabeth Dunn[40] ont montré que des enfants de 2 ans étaient plus heureux lorsqu'ils donnaient un bonbon à quelqu'un d'autre que lorsqu'ils en recevaient un eux-mêmes.

---

39. Michael Tomasello, *Why we Cooperate*, The MIT Press, 2009.
40. L. B. Aknin, J. K. Hamlin & E. W. Dunn, « *Giving Leads to Happiness in Young Children* », 2012.

Les études de Dacher Keltner, à l'université de Berkeley, en Californie, inventorient un « instinct de compassion », une réponse naturelle et automatique essentielle puisqu'elle a assuré notre survie.

Idem pour des recherches récentes menées par David Rand à l'université Harvard, qui montrent que la première impulsion des adultes et des enfants est d'aider les autres.

Francesca Righetti, de VU University, à Amsterdam, le confirme. Et les recherches de Dale Miller, à la Graduate School of Business de Stanford, vont également dans ce sens…

Les études scientifiques sont unanimes : nous avons une nature profonde altruiste, qui se traduit concrètement par un comportement d'entraide et de coopération. En effet, malgré le mythe qui considère que la guerre et la compétition constituent l'état naturel du monde, les recherches actuelles affirment que l'entraide est bien une condition de survie supérieure à la compétition.

Darwin lui-même, le père de la théorie de l'évolution, l'avait écrit dans son deuxième ouvrage[41] : « la force des instincts sociaux ou maternels est plus forte que celle de tout autre instinct ». Il laissait aussi sous-entendre, dans un autre passage, que les plus aptes ne sont pas les plus forts physiquement ni les plus rusés, mais ceux qui apprennent à se soutenir mutuellement.

Et pourquoi l'entraide ? C'est hyper logique, vous allez voir : contrairement à la plupart des autres espèces animales, lorsque que nous, humains, venons au monde, nous ne sommes pas du tout autonomes. Tout bébé, nous n'avons pas fini notre évolution et devons tout apprendre : à boire, à manger, à parler, à nous

---

41. Charles Darwin, *La Filiation de l'homme et la Sélection liée au sexe* (1871), Honoré Champion, 2013.

tenir debout, à marcher, etc. Nous sommes donc de petits êtres ultra vulnérables.

Paradoxalement, cette vulnérabilité nous a permis de développer de merveilleuses capacités : celles d'une ultra-sociabilité, qui nous rend plus puissants ensemble. Car développer des liens bienveillants de compassion et d'entraide est un moyen de survie plus sûr que d'établir des rapports de lutte égoïstes et agressifs. L'humanité l'a bien compris : seul, on se met en danger ; ensemble, on est plus forts et on construit des cathédrales.

De nombreuses études démontrent qu'au cœur des situations les plus difficiles, les catastrophes notamment, l'entraide spontanée prend le dessus. Lorsque le chaos survient et que tout ce que l'on considérait comme normal s'effondre, lorsqu'un certain ordre social disparaît, il semblerait que la panique soit rarissime, alors que l'entraide est toujours au rendez-vous.

On l'a constaté par exemple à la Nouvelle-Orléans en 2005 après l'ouragan Katrina, ou le 13 novembre 2015 au Bataclan… Tous les témoignages de rescapés disent la même chose : les personnes valides s'approchaient spontanement en silence et s'entraidaient pour prendre soin des plus faibles.

Thomas Glass, professeur à l'université Johns Hopkins, dresse le même constat suite à ses observations et analyses des réactions humaines pendant cinq ans à Baltimore (entre 1989 et 1994). Sur deux tremblements de terre, deux déraillements de train, un crash d'avion, deux explosions de gaz, un ouragan, une tornade, une explosion de bombes avec incendie, avec un nombre de victimes allant à chaque fois de 3 à plus de 200, le chercheur a systématiquement constaté que les victimes s'étaient spontanément organisées en vue de la survie d'un maximum de personnes. Tous les témoignages convergent : les individus stressés ou en état de choc sont avant tout à la recherche de sécurité, donc peu enclins à la violence. Ils conservent majoritairement leur sang-froid, coopèrent spontanément, forment des groupes animés par des leaders et fixent des règles en se répartissant les rôles.

Cette entraide bienveillante serait même un principe général du vivant. En fait, il semblerait que, depuis 3,8 milliards d'années, tous les êtres vivants soient en relation d'entraide avec d'autres êtres vivants. Les lionnes s'associent et coopèrent pour chasser ensemble, les manchots développent des stratégies de groupe pour résister ensemble au froid, les arbres s'associent pour échanger entre eux des nutriments *via* leurs racines, et les championnes toute catégorie de l'entraide sont les bactéries qui la pratiquent à tous les niveaux.

Le chercheur Jean Decety, docteur en neurosciences et professeur à l'université de Chicago, a mené des expériences et montré que les rats étaient capables de se venir en aide et de se montrer spontanément solidaires. Il a également noté qu'un rongeur ayant appris à appuyer sur un levier pour obtenir de la nourriture arrête de s'alimenter s'il perçoit que son geste provoque un choc électrique sur un autre rongeur.

L'empathie, notre instinct premier

Entraide et empathie. « Empathie », du mot grec *empatheia*, désigne la capacité « intérieure » à entrer en résonance affective avec les sentiments d'autrui.

Souvenez-vous : nous éprouvons tout naturellement une forte tendresse à la vue d'un enfant ou d'un petit animal sans défense. Nous savons tous intuitivement que, vulnérable, il a besoin d'un autre pour survivre et assimiler des forces. Eh bien, cette tendresse active en nous, considérée comme notre premier instinct de survie, c'est l'empathie. C'est elle qui nous donne la capacité de ressentir la souffrance de l'autre, d'être connecté à ses émotions et de lui venir en aide.

Qu'il est doux de savoir que cette pointe d'empathie que nous ressentons spontanément envers les autres dans des moments de vulnérabilité provient de cette nature compassionnelle qui nous constitue tous, n'est-ce-pas ? Cœur qui bat pour l'autre, elle s'exprime sous des formes diverses : amour, amour maternel, amitié, tendresse, compassion…

Qu'il est rassurant aussi de savoir que la loi du plus fort, tant vénérée dans nos cultures occidentales, est en train de se faire détrôner par la loi du plus gentil et du plus coopératif, mise en avant dans de nombreuses disciplines scientifiques actuellement !

Alors, que risquons-nous au juste en nous ouvrant plus à soi, à l'autre, à la vie ?

De nous connecter à cette puissante énergie de vie qui nous met en mouvement et en évolution ? *Big deal* ! De nous connecter à un océan infini d'amour immergé à l'intérieur de notre cœur ? Re-*big deal* !

Si cela vous paraît un peu trop beau, ou bien trop difficile, observez un jeune enfant… Il sourit au monde entier, cœur grand ouvert sans distinction, qu'il connaisse ou non les personnes qui l'entourent. Vous aussi, lorsque vous étiez enfant, vous étiez naturellement ouvert au monde… Alors optez pour ce postulat de bonté fondamentale présente en chacun de nous et essayez de revenir à cet état originel…

> « Gardez vos mains ouvertes et tous les sables du désert pourront les parcourir. Fermez-les, et tout ce que vous pouvez ressentir sera du petit gravier. »
>
> Taisen Deshimaru

S'ouvrir, oui, mais avec quoi au juste ?

> « La vraie valeur d'un homme se détermine d'abord en examinant dans quelle mesure et dans quel sens il est parvenu à se libérer du Moi. »
>
> Albert Einstein

Ami-ami avec son égo

Pour emprunter ce chemin d'ouverture vers le mouvement naturel de la vie et cet océan d'amour intérieur de notre cœur qui nous permettent d'être plus forts, heureux et en pleine possession de notre vie, nous avons, dans un premier temps, besoin de **faire ami-ami avec notre petit égo fragile** et de beaucoup le conforter et le rassurer… Imaginez une plage. Puis, imaginez un grain de sable qui sortirait du lot en criant : « Youhou, regardez-moi ! J'existe ! » Présenté comme cela, ce minuscule grain de sable semble à la fois ridicule et pathétique, n'est-ce pas ? Pourtant ce grain de sable est comme notre petit égo : il se veut spécial et différent, et adopte pour cela une posture épuisante et vaine. Alors on le rassure… tout doux.

D'autant que s'ouvrir, au début, c'est quand même se mettre à nu et se rendre plus vulnérable. Et puis, le monde qui nous entoure, avec sa part de chaos, n'est pas foncièrement amical, ni sécurisant, ni très confortable à vivre.

Aussi pouvons-nous légitimement ressentir une certaine peur. Quant à nos chers semblables, ils sont, comme nous, sur leurs gardes, pris dans leurs conditionnements, enfermés dans leur système de protection et de peurs, ambivalents, confus et fragiles… Fragiles comme dans la sublime chanson de Sting : « *how fragile we are*[42]… ».

Oui, nous sommes fragiles ; c'est pourquoi nous devons être prudents et bienveillants envers les autres et envers nous-même, d'où cette nécessité vitale de compassion et d'autocompassion.

Comment fait-on pour s'ouvrir ? On apprend !

Eh bien, c'est comme pour tout, on apprend ! On apprend à cuisiner, à décorer, à jardiner, à courir, à faire du yoga, à se maquiller, à prendre soin de soi… On apprend même à ne rien faire, à buller ! Alors pour être plus heureux, on apprend aussi. Et souvenez-vous que nous avons 40 % de marge de manœuvre personnelle pour y arriver à partir du moment où nous mettons en place une bonne disposition d'esprit et des actions positives !

Alors, on fait le chemin en se prenant par la main avec tendresse et bienveillance, comme un adulte qui prend la main d'un petit enfant pour le rassurer et l'accompagner dans un nouvel apprentissage de vie.

> « La vulnérabilité est le seul état authentique. Être vulnérable signifie être ouvert, pour les blessures mais aussi pour le plaisir. Être ouvert aux blessures de la vie, c'est être également ouvert à la bonté et à la beauté. Ne masquez ou ne niez pas votre vulnérabilité : elle est votre plus grand atout. Soyez vulnérables : la nouvelle bonté qui émane de vous, sous la forme de personnes, de situations et de choses ne peut venir à vous que lorsque vous êtes vulnérables, c'est-à-dire ouverts. »
>
> Stephen Russell

42. Sting, « Fragile », *Nothing Like the Sun*, A & M, 1987.

Partir du cœur

Rappelons-nous notre point de départ : nous ne pouvons aller vers l'ouverture que si nous prenons conscience que nous avons des points de fermeture. Il nous faut donc partir de nous-même et de ce que l'on éprouve dans notre petit cœur. C'est LE fil rouge.

Il s'agit d'essayer de partir de la dimension « éveillée » de soi, du bonhomme lumineux de nature fondamentalement compréhensive et aimante, et non du petit bonhomme gris et de sa vision voilée et déformée de lui et du monde.

Personnellement, je fais souvent appel à cette image pour m'accompagner dans mon processus d'ouverture. Elle m'est très utile pour mieux me positionner dans certaines situations qui pourraient me faire basculer dans un repli et une tension intérieure. Je me demande : « Là, tout de suite, avec quelle partie de moi suis-je en train de réagir ou d'entrer en relation ? Est-ce avec mon petit personnage gris, mon petit égo fragile et fragmenté, en insécurité, en tension et en défense permanente, OU est-ce avec ma part plus éveillée, compréhensive, tendre, aimante, lumineuse et sereine ? » À chaque fois, cela m'aide à me réaligner instantanément sur la bonne « fréquence », cette dimension de moi-même avec laquelle je souhaite réagir et continuer de m'ouvrir. Parce que, au final, les bénéfices sont toujours ultra positifs : bien-être intérieur, estime de soi, relation constructive, entente, appréciation douce de la vie, plaisirs et joie partagés…

Pour réussir à nous ouvrir plus encore, il faut prendre de la distance avec notre égo. Et pour cela, dans un premier temps, il est nécessaire de comprendre que notre posture de fermeture est une posture d'égo et que, même si celle-ci a aussi un bien-fondé – notre rapport à la survie –, encore une fois, pour avoir accès à la Vie avec un grand V et à l'amour avec un grand A, il faut… vous l'avez deviné :

Il faut S'OUVRIR !
Mot clé essentiel qui va de pair : ACCUEILLIR.

Accueillir de la même manière que nous prenons plaisir à recevoir un ami dans notre *home sweet home*. On est là, hospitalier, joyeux et heureux.

Être doux avec soi-même

Emprunter un chemin d'ouverture nécessite de faire preuve de douceur, d'assurer sa sécurité psychologique et de fortifier sa construction intérieure, parce que, comme nous l'avons déjà évoqué, s'ouvrir, c'est quand même prendre de nouveaux risques, du moins du point de vue de notre égo. Alors nous devons le rassurer, le consolider et être attentif à ses limites. Évitons de nous comparer, de nous juger ; ne retournons rien contre nous-même, écoutons-nous, soyons patient, compatissant, bienveillant. Ne nous faisons aucun reproche concernant nos manquements, nos erreurs ou nos échecs. Il s'agit de nous accompagner avec indulgence et compréhension.

À 100 % responsable

Dans cette droite ligne de soin et de respect de soi, on développe aussi une posture indispensable : **prendre la responsabilité à 100 % de ses actes, de ses choix et de son existence**. S'ouvrir à soi, aux autres, à la vie d'une manière générale, c'est devenir maître de sa vie et sortir du sempiternel triangle relationnel victime-persécuteur-sauveur. Donc finie l'idée que nous ne maîtrisons pas ce qui nous arrive, que nous subissons et que la seule marge de manœuvre est le mode réaction. Nous sommes bien au contraire de grands créateurs ! Nous sommes les créateurs permanents de notre réalité. Oui, tout ce qui nous arrive est notre création, rien que notre création ! Souvenez-vous : la réalité extérieure n'est que le reflet de notre état intérieur. Alors, puisque la solution est en nous, reprenons notre destin en main, faisons de ce monde intérieur un endroit d'accueil, d'harmonie, d'équilibre… Prenons soin de nous, adoptons une hygiène de vie équilibrée (bonne alimentation, bonne hydratation, bon sommeil, bonnes relations, etc.), et considérons que notre responsabilité personnelle est notre plus grand trésor, notre plus grande chance. Nous sommes libres !

L'ouverture de cœur

Son verbe clé : donner

Partons donc du postulat que **notre nature première est amour et compassion**. Nous sommes faits de cela, raison pour laquelle nous réalisons parfois toute une odyssée pour retrouver cette nature aimante, tel le saumon qui remonte vaillamment vers sa source d'origine.

Seul problème : cette nature véritable n'est pas forcément accessible en toutes circonstances parce que, si elle peut être comparée à un joli miroir, celui-ci est malheureusement recouvert d'impuretés qu'il va falloir nettoyer. Et ce « ménage » va nous demander quelques efforts et prendre un peu de temps.

Pourquoi ? À cause de notre bug originel encore ! **Notre égo, ignorant de notre véritable nature**, prend le plus souvent le *lead* en se trompant de direction et en cherchant désespérément son salut au mauvais endroit : à l'extérieur plutôt qu'à l'intérieur. Démarche perdue d'avance, remplie d'illusions, de frustrations et de déception. Tant que nous persévérons dans cette erreur d'aiguillage, nous ne pouvons pas vraiment nous ouvrir et profiter des immenses dimensions de notre cœur.

Ouvrir les portes et dire « *I love you* »

Cette dimension de cœur signifie dépasser ses propres limites d'égo et agrandir son cœur au grand Tout, aux dimensions de l'univers. C'est un gros « *I love you* » que l'on va chercher en soi quand on ouvre la porte du cœur. Cette fameuse porte que les maîtres et les êtres spirituels du monde entier travaillent comme un muscle pour accéder à une autre dimension de leur être. C'est « acquérir la conscience de l'univers auquel nous appartenons, et devenir l'Univers[43] ». C'est la quintessence de notre nature humaine. Et c'est cette ouverture du cœur qui nous rend heureux, serein et libre.

Tous les mystiques de toutes les cultures du monde empruntent cette voie du cœur qui les mène vers une profonde transformation personnelle et participe à un éveil collectif. Ils font ainsi corps avec leur véritable nature aimante et bienveillante. Ils sont en lien pacifié avec eux-mêmes et le reste du monde, et atteignent par là même un état de bonheur ultime, une profonde joie et une grande plénitude.

> « Seul l'amour universel peut emplir la vie de paix et de joie. »
>
> Sutta Pitaka, Majjhima Nikaya, Piyajatika Sutta

Voilà l'énorme récompense, le merveilleux cadeau d'une plus grande ouverture de cœur : la joie et la plénitude ! Plus de peur, de tensions, de blessures, de frustrations, de solitude, de conflit... Un état d'épanouissement et d'accomplissement de ce qui est plein, ouvert et serein. Le bonheur, quoi ! *What else ?* Jean-Jacques Rousseau écrivait : « De quoi jouit-on dans une pareille situation ? De rien d'extérieur à soi, de rien sinon de soi-même

43. Giulio Cesare Giacobbe, *Comment devenir un bouddha en cinq semaines*, First Éditions, 2010.

et de sa propre existence, tant que cet état dure on se suffit à soi-même comme Dieu[44] ».

À partir de là, tout change et tout dit « *I love you* ». C'est une spirale vertueuse : plus on a le cœur ouvert, plus on voit l'amour partout, et plus on voit l'amour partout, plus on est heureux et joyeux. Les sourires, les attentions, les mots doux, les compliments, les remerciements, les moments de partage, de réjouissance, les cadeaux, les fleurs, les rires d'un enfant, le ronronnement d'un chat, une tasse de thé, un rayon de soleil… Tout dit « *I love you* ».

Comment parvenir à une plus grande ouverture de cœur ?

Nettoyer son miroir

Pour ouvrir notre cœur en plus grand, nous devrons entreprendre un grand ménage de printemps et nettoyer les impuretés de notre miroir : la peur, l'ignorance, l'orgueil, la jalousie, la colère, l'avidité, l'égoïsme, la rancune, la médisance… toutes ces tendances et émotions difficiles de notre « petit moi » qui atrophient notre cœur nous enferment dans une prison intérieure et nous séparent des autres et du mouvement naturel et joyeux de la vie.

Sabchu Rinpoché dit : « Les impuretés recouvrent simplement la surface du miroir, mais elles ne lui appartiennent pas. Nous avons l'habitude de dire : "le miroir est sale", mais le miroir en lui-même n'est jamais et ne sera jamais sale. Il est simplement recouvert de saleté. Grosse différence ! En fait, nous ne nettoyons pas vraiment le miroir : on ne fait qu'enlever les impuretés. Le miroir a toujours été propre. C'est la raison pour laquelle

44. Jean-Jacques Rousseau, *Les Rêveries du promeneur solitaire*, « Cinquième promenade » (1778), Le Livre de Poche, 2001.

nous disons dans le bouddhisme que tout le monde est parfait à l'origine[45] ».

Notre mission consiste donc à enlever les impuretés de notre « petit moi » qui recouvrent notre nature originelle aimante et bienveillante.

Comment ? En s'inscrivant dans une démarche de connaissance de soi et de développement personnel, et en pratiquant les qualités de cœur envers les autres. Il est question d'agrandissement et d'expansion. Ainsi, plus nous dépassons l'ignorance fondamentale de notre égo, plus nous nous libérons de ses peurs, de ses blocages, de ses limites... Plus nous nous affranchissons de son *ego trip* et de son sentiment de séparation et de différence avec le reste du monde, plus nous avons accès à notre véritable dimension éveillée, et plus nous nous renforcerons sur des fondations nettement plus solides et pérennes. Dès lors, bonjour la paix du cœur, la liberté intérieure, l'amour et la joie de vivre, ces ressources intérieures intarissables qui ne demandent qu'à être partagées !

L'autre, mon antidote

Pour être heureux, vraiment heureux, et nous ouvrir à la joie, à l'amour et à la vie, il n'y a pas trente-six solutions : nous devons dépasser les limites de notre égo malheureux, insécurisé et sur la défensive, soit en mode « je ne te donne rien » (« j'ai raison », « je contrôle », « ne m'approche pas », etc.), soit en mode « donne-moi tout » (« remplis-moi », « sois à moi », « rassure-moi », etc.). Et pour cela, nous devons augmenter notre niveau de compréhension et ouvrir notre cœur en grand.

45. Isalou Regen & Sabchu Rinpoché, *Je voulais te dire I love you*, Rabsel Éditions, 2018. Reconnu dès son enfance, le Vénérable Ve Dilyag Sabchu Rinpoché a débuté le très rigoureux entraînement spirituel accordé aux réincarnations de Maîtres importants dès l'âge de cinq ans. Aujourd'hui, Sabchu Rinpoché enseigne le Dharma à travers l'Europe, l'Asie et les États-Unis.

Comment ?

• **En outrepassant l'ignorance fondamentale de notre égo** et en cultivant la compréhension. Pas d'ouverture de cœur, pas d'amour sans compréhension. L'amour c'est la compréhension, et la compréhension c'est l'amour.

• **En court-circuitant notre « petit moi » et en passant par l'autre.** L'autre est notre merveilleux antidote, notre salut, notre remède miracle « anti-égo » par excellence. Sans l'autre, il n'y a personne qui nous permette de pratiquer l'amour, la tendresse ou qui nous permette de grandir. On s'agrandit et on grandit grâce à l'autre. Impossible autrement.

« Notre égo occupe toute la place dans notre cœur, c'est la raison pour laquelle celui-ci est si petit ! Il n'y a de place pour personne d'autre que lui ! Donc l'idée est d'agrandir son cœur, en incluant plein de monde dans nos intentions... des êtres chers de notre entourage, d'abord, puis petit à petit tous les êtres sensibles de notre monde. Plus nous agissons ainsi, plus nous ouvrons notre cœur, et plus nous sommes heureux[46] ».

L'exercice d'ouverture de cœur devient ainsi super simple : il s'agit d'inclure les autres dans nos intentions, nos aspirations, nos gestes, nos actions, nos souhaits... Car plus les autres occupent notre territoire intérieur, plus notre égo rétrécit et moins il a de pouvoir.

Bonheur = plénitude
Plénitude = amour élargi au plus grand nombre.

C'est tout le lien subtil entre ouverture de cœur et état de bonheur.

---

46. *Ibid.*

• **En pratiquant les verbes d'action positifs** qui nous placent en mode sécurité, donc en position d'ouverture, et qui nous relient à notre nature profondément bienveillante : accueillir, offrir, aider, soutenir, se mettre à disposition, écouter, sourire, rire, partager, échanger, se relier, jouer, accepter, prier, chanter, danser, aimer… et surtout, donner et donner encore et toujours ! Même un regard ou un sourire, mais donner !

Donner, c'est LE « sésame ouvre-toi » du cœur par excellence.

• **En cultivant les grandes qualités d'ouverture de cœur :**

– **La sensibilité :** la capacité à s'émouvoir et à éprouver le monde à travers ses sens, y compris celui mystérieux de l'intuition. Par cette capacité à capter ce qui se passe, elle est notre premier contact au monde, voire « le premier pas de l'intelligence dans le monde. […] En cela, la sensibilité s'oppose à l'indifférence, au sommeil narcissique, au contentement de soi. Une personne insensible s'est refermée sur elle-même[47]… » Donc #open !

– **La tendresse et l'empathie :** la proximité de cœur nous amène à comprendre l'autre, à nous mettre à sa place, à pouvoir le rencontrer vraiment, à partager avec lui une authenticité de lien pour nous faire du bien mutuellement. Faire preuve d'empathie nous met à l'abri de l'intolérance et des jugements trop hâtifs. C'est être en mesure de nous respecter et nous considérer en toute bienveillance.

– **L'intérêt et la curiosité :** la curiosité est un comportement d'intérêt et d'exploration. Cicéron la décrit d'ailleurs comme « la passion d'apprendre[48] », et je dirais aussi de rencontrer, de dépasser ses propres convictions ou impressions limitantes. Hop, en mode découverte ! La curiosité est source d'envie, de désir, de

47. Denis Jeffrey, *Éloge des rituels*, Les Presses de l'Université Laval, 2003.
48. Cicéron, *De Finibus bonorum et malorum*, V, 8 (45 av. J.-C.).

plaisir, de motivation et de soif ! Soif de rentrer en lien, d'apprendre, de découvrir, de comprendre… Et souvenons-nous, la compréhension c'est… de l'amour !

– **L'écoute** : tout un art ! Elle ouvre une porte qui permet un accès direct vers l'intérieur – intérieur de soi-même et/ou de l'autre. Savoir écouter l'autre, c'est se connecter, se mettre à la place de l'autre, accueillir ce qu'il partage avec nous et faire l'effort de le comprendre. C'est offrir de l'espace, distancier son propre égo, essayer de connaître ce que l'on ne connaît pas et installer une complicité qui se tisse avec attention et patience.

– **La patience** : elle est l'attitude reine de l'instant présent, de l'ici et du maintenant, et de cette fine sagesse de la connaissance et de la confiance en la vie. Nous l'avons compris, nous le savons : tout passe, tout arrive et tout se transforme. En cultivant la patience, nous restons ouverts à la situation et au changement. On ne force rien, on laisse venir, on agit et on rend fertile pour soi au bon moment, sans s'épuiser en se battant contre des moulins à vent.

À nous maintenant de polir notre cœur. Nous avons donc tout intérêt à travailler « **la culture de cœur** » comme disent les taoïstes, et à tout mettre en œuvre pour mieux nous connaître et donner une vraie place à l'autre dans notre vie.

L'ouverture d'esprit

Son verbe clé : comprendre

« Un esprit est comme un parachute. Il ne fonctionne pas s'il n'est pas ouvert. »

Franck Zappa

Nos chères représentations…

Être ouvert d'esprit, c'est faire preuve d'une grande compréhension et d'une grande tolérance pour la différence et les idées des autres. C'est manifester de l'intérêt, de la curiosité et avoir la capacité de développer ses représentations du monde et des autres afin d'amener son esprit hors de ses zones d'habitude ou de confort.

Afin de sonder nos représentations culturelles sur une thématique donnée, j'aime faire des petites recherches rapides sur Google Images.

Pour les mots « esprit ouvert », sont apparus : un dessin de crâne avec des « +++ » colorés qui sortent de celui-ci (donc du possible et de l'amplification de quelque chose), un autre avec un ciel étoilé infini enveloppant la tête d'un personnage (infini = possibles), une photo d'un homme heureux avec les bras grand ouverts levés vers le ciel, une autre représentant une tête remplie de lumière avec une échelle donnant accès à ce rayonnement. Par curiosité, j'ai répété l'opération avec les mots « esprit fermé ». Sont apparus en vrac : un dessin de crâne avec un cadenas et des chaînes à l'intérieur (sympa !), une image avec un cerveau derrière des barreaux (encore plus sympa !), la photo d'une personne les yeux fermés et se bouchant les oreilles (au secours !).

On le comprend immédiatement à travers ces images, l'ouverture d'esprit, c'est en premier lieu ouvrir de nouvelles dimensions et de nouveaux champs de possibles, comprendre que **le monde n'est jamais que notre représentation**, conformément à la conviction fondamentale du philosophe Arthur Schopenhauer[49]. À partir de cette imparable vérité universelle, nous pouvons donc vraiment **RE-LA-TI-VI-SER** !

---

49. Clé de voûte même de l'ensemble de son système de pensée, largement développée dans son œuvre *Le Monde comme volonté et comme représentation* (1819).

En effet, malgré l'objectivité – relative aussi somme toute – dont la science est capable, nous ne connaissons finalement du monde que la manière dont il est pour nous. Notre façon de le voir et de le comprendre est complètement dépendante de notre conscience humaine, c'est-à-dire de notre intellect et de ses limites. Sur cette base, nous pouvons donc admettre que tout est relatif et, qu'à ce titre, nous nous devons de faire preuve de souplesse, d'humilité… et encore d'humilité ! Nous n'avons pas la science infuse, nous pouvons avoir tort et nous pouvons avoir mal compris. Nous pouvons aussi biaiser toutes les situations avec un mental trop angoissé, trop fragilisé, émotif, paranoïaque, etc. Tout ce que nous vivons ne relève que de notre propre regard et de notre propre structure mentale.

Donc, *open, relax* ! Essayons de calmer notre égo qui piaffe dans les *starting-blocks* de la réactivité, d'être plus dans l'accueil, d'avoir une meilleure capacité d'écoute. Évitons de peaufiner déjà notre réponse alors que notre interlocuteur n'a même pas fini de s'exprimer. Chut ! Écoutons, accueillons et élargissons notre point de vue.

Cela me rappelle l'exercice du 6 et du 9… Si vous écrivez un 6 sur une feuille de papier et que vous le présentez à une personne assise en face de vous. Chacune des personnes verra un chiffre différent. De votre côté, vous verrez le chiffre 6, tandis que la personne assise en face de vous lira le chiffre 9. Chacun d'entre vous aura raison puisque c'est une question d'angle de vue. Si je suis fermé et persuadé d'avoir raison, je ne serai pas en mesure d'écouter quoi que ce soit et j'affirmerai avec autorité qu'il s'agit d'un 6, bien évidemment ! Bien évidemment également, mon interlocuteur en face aura pour moi complètement tort et, décidément, il ne comprendra vraiment rien ! J'aurai raison, il sera dans l'erreur. Et là, bingo, conflit direct !

En revanche, si je suis ouvert d'esprit, je commencerai par être dans une écoute active, je garderai à l'esprit l'aspect relatif de nos différentes façons de voir, et j'accepterai que l'un n'a pas forcément raison sur l'autre, voire que les deux ont raison ! L'un voit réellement un 6 et l'autre réellement un 9 ! Il s'agit seulement de vérités subjectives et relatives, conditionnées par notre expérience et par l'endroit où nous nous plaçons.

Et toujours ce bug originel...

Lorsque nous sommes dans une posture d'étroitesse d'esprit, entravés par des croyances limitantes, des certitudes bien ancrées et des émotions bloquantes, fermés, accrochés à nos vérités, il n'y a pas trente-six solutions là non plus : nous devons nous entraîner à faire tomber les forteresses de l'égo.

Il s'agira de revisiter notre façon de voir, de re-questionner nos systèmes de croyances, de représentations et de projections. De les remettre sans cesse en cause, afin d'être plus lucide, créatif et constructif. D'avoir la capacité d'écouter mieux et autrement, de ne pas entrer dans un jugement rapide, de savoir changer de perspectives, d'accéder à une réalité du monde ou de l'autre au-delà de notre propre système de conceptualisation et de représentation. De développer de nouveaux champs de possibles en nous-même, d'élargir nos représentations, de nous décentrer, de nous élever, de nous hisser, et de dire OUI à la différence, à l'évolution et à la vie.

Une fois notre petit égo ainsi légèrement distancié, nous pouvons à nouveau toucher cette dimension plus spacieuse qui nous apporte détente, souplesse, lucidité, créativité, entente… À nous alors la possibilité d'envisager des logiques ou des réalités différentes. Plus nous parviendrons à ouvrir notre esprit, plus nous constaterons que cette ouverture nous rend de plus en plus libre, fort et serein.

Ce qu'il y a de fort dans cette dimension cognitive de l'ouverture d'esprit, c'est que non seulement elle peut être extrêmement vaste, mais aussi et surtout qu'elle est moins perméable aux changements d'humeur de la dimension purement émotionnelle. Rien qu'en pensée, elle permet d'étendre un altruisme sans limites à un grand nombre d'êtres, incluant même ceux que nous n'aurons jamais l'occasion de rencontrer…

> « Vos préjugés sont vos fenêtres sur le monde. Nettoyez-les de temps en temps, ou la lumière n'entrera pas. »
>
> Isaac Asimov

L'ouverture de conscience

Son verbe clé : se relier

Connaissez-vous l'*overview effect* ? C'est une prise de conscience planétaire que certains astronautes ont ressentie, là-haut, lorsqu'ils ont observé la Terre alors qu'ils étaient en orbite ou sur la Lune. Cet effet se produit par la mise en perspective de notre petite planète dans l'immensité de l'espace. Notre planète bleue est perçue comme une petite boule de vie, « un point bleu pâle[50] » suspendu dans le vide au milieu d'un océan de noirceur. Et cette position fragile de notre Terre entre en forte résonance avec notre propre vulnérabilité. Cet *overview effect* a procuré à ces astronautes un sentiment d'amour qui a éveillé une véritable conscience écologique et humaniste. Cette expérience s'apparente à un profond choc cognitif pour certains d'entre eux, qui sont pourtant supposés être de sérieux et pragmatiques explorateurs. Choc qu'ils ont eux-mêmes qualifié de « mystique ». Ils ont ainsi pris la mesure de notre condition et sont revenus conscients de l'importance de prendre soin de notre Terre Mère, ainsi que de nos liens humains. Tous frères ! Cela a suscité chez eux une perception plus aiguisée de leur place dans l'univers,

50. *Pale Blue Dot* est une image capturée par la mission Voyager 1, le 14 février 1990, et l'une des photos les plus célèbres de l'espace.

une sensation de « reliance » supérieure, comme une illumination. Ils se sont sentis appartenir au grand Tout, atteignant ainsi un état certainement semblable à celui des maîtres taoïstes. Cette expérience a radicalement changé leur manière d'envisager le sens de leur existence…

À chacun ses prises de conscience et ses révélations, mais c'est à cela que peut nous conduire une ouverture de conscience plus large : à percevoir que nous sommes tous reliés et tous en interdépendance. Notre vision de l'univers et du monde devient ainsi beaucoup plus étendue et plus unifiée. Nous réalisons que nous faisons partie d'une vaste unité et que nous sommes tous responsables, collectivement et individuellement, de tout ce que nous créons et de tout ce à quoi nous participons ici-bas. Le positif comme le négatif. De fait, nous réalisons que nos pensées, nos paroles, nos actes, notre façon de nous comporter, de consommer, etc., ont déjà un impact sur nous-même, mais également sur notre environnement direct et plus largement sur notre planète et l'univers tout entier.

C'est justement en prenant conscience de cette dimension de responsabilité et de son impact que nous pouvons davantage assumer notre rôle et davantage œuvrer, à la fois pour nous, pour les autres et pour notre petite planète en fragilité.

Plus l'ouverture de conscience se développe, plus nous sommes comme ces astronautes bouleversés devant l'immensité du cosmos : nous comprenons que notre attitude détermine notre destin individuel et collectif ; nous comprenons que nous créons notre vie, et que cette vie est en lien avec celle des autres. Tout est lié.

À partir de là, la dimension la plus éclairée de nous-même, bienfaisante et inspirante, peut prendre le relais…

L'ouverture de corps

Son mot-clé : respirer

Maintes disciplines ancestrales nous accompagnent dans une santé, une détente et une ouverture plus grande de notre corps, et nous apprennent à faire circuler l'énergie vitale en nous. Chacune de ces traditions développe sa propre représentation du corps, même si, au fond, toutes se rejoignent…

L'approche de la médecine chinoise et les 3 trésors

La médecine chinoise réunit les dimensions physique, psychologique, émotionnelle et énergétique et apporte LA vision holistique par excellence.

Au-delà du yin et du yang, la médecine chinoise considère que ce qui définit un organisme constitue des énergies essentielles qui soutiennent la vie humaine. Elle les appelle les 3 trésors :

- Le Jing, son essence, est la base matérielle du corps physique : c'est la forme la plus dense et la plus tangible du corps, mais elle n'a aucune « forme matérielle ». Il est bien question d'énergie ici.

- Le Qi, son énergie : c'est la force vitale invisible qui permet au corps de penser et de bouger.

- Le Shen, son esprit : c'est l'énergie spirituelle, immatérielle, assimilée à la « psyché » ou à l'« âme », manifestation de la nature supérieure de l'être humain en relation avec le Tan Tien supérieur. Le Shen se développe par l'interaction des deux énergies Jing et Qi, le corps et l'esprit ne faisant qu'un.

L'approche de la physiologie énergétique et les 8 corps subtils

Selon Condorcet, la physiologie est « la partie de la médecine qui, pénétrant dans la structure intime des parties du corps, y cherche par quelles lois l'homme se forme, se développe, croît, vit, reproduit son semblable, dépérit et meurt ». Cette médecine des corps subtils tournée vers la structure énergétique du vivant se base sur l'existence de 8 corps subtils vibrant sur différentes fréquences, de la plus basse à la plus élevée. Ces corps subtils s'emboîteraient comme des poupées russes. Bon nombre de thérapeutes, praticiens, énergéticiens, etc. se référèrent à cette vision des corps subtils dans leur pratique.

Les deux premiers disparaissent lorsque nous mourons :

– Notre corps physique : c'est le seul dont la matière soit palpable. Véhicule terrestre vibrant sur la fréquence la plus basse, il « emprisonne » notre conscience, sauf pendant le sommeil.

– Notre corps éthérique : il sert de bouclier énergétique au corps physique. Pour preuve de son existence, la douleur des membres fantômes que l'on peut ressentir lors d'une amputation.

Les six autres corps subtils subsistent après notre mort :

– Notre corps émotionnel ou astral : c'est le centre de traitement de nos émotions, qui stocke puis transfère celles qu'il n'a pas réussi à traiter vers le corps physique, produisant ainsi des somatisations, ou vers le corps plus élevé (corps mental) qui les traitera différemment.

– Notre corps mental : banque de données et centre de gestion de notre vécu, qui permet de tirer les leçons de nos expériences et de transformer les pulsions émotionnelles en sagesse ou en folie.

– **Notre corps ombral** : il s'agit d'une sorte de disque dur situé à l'intérieur du squelette et qui enregistre tous les constituants de notre vie (actions, désirs, émotions, pensées). C'est cet enregistrement qui défilerait en accéléré au moment de notre mort, comme le montrent les expériences de mort imminente (EMI ou NDE).

– **Notre corps causal** : ce centre de gestion karmique qui organise les synchronicités de la vie avec les personnes et les événements que nous devons rencontrer est la super mémoire intemporelle de tous nos passés.

– **Notre corps atomique ou bouddhique** : il permet d'entrer en relation avec la conscience cosmique, celle de la haute sagesse des initiés. Il est constitué d'amour pur et d'énergie universelle.

– **L'atome « divin »** : étincelle centrale, extase spirituelle par laquelle on reconnaît que tout est uni dans l'univers. C'est la conscience que tout ce qui existe est fondé sur l'amour et la lumière spirituelle, la source « divine » que nous portons en chacun de nous.

Viennent ensuite les fameuses « **auras** », ces halos de lumière colorés qui rayonneraient autour de notre corps, sortes de « champs d'énergie » de nos différents corps subtils, parfois associés à la notion de chakras.

Les portes d'ouverture corporelle

Les différentes visions du corps, qu'elles soient holistiques, ésotériques ou plus traditionnelles, s'accordent toutes pour dire que l'ouverture du corps s'effectue avec :

- **Le souffle** : l'ouverture passe forcément par la respiration. La respiration crée un mouvement, un flux en nous qui nous connecte à la vie. À chaque fois que je respire, j'ouvre ma cage thoracique, je crée de l'espace au niveau de mon plexus solaire, je fais entrer l'air en moi, et j'accueille cet oxygène qui me permet de vivre. **La respiration est un échange** : inspirer nous fournit des informations sur le monde extérieur (les bonnes odeurs de tartines grillées, par exemple), tandis qu'expirer, c'est relâcher une partie de nous en dehors de notre corps (comme notre haleine).

- **La sexualité** : quoi de plus beau que de faire l'amour avec la personne que l'on aime ? La sexualité est une formidable énergie qui, au-delà du plaisir qu'elle procure, permet de donner la vie et d'ouvrir bien d'autres portes encore… Lorsque j'aime et que je désire, j'ouvre mon corps et mon sexe à l'autre, j'accueille les sensations que font naître son corps au plus profond de moi, je m'éveille par ma chair à une transcendance (ce que l'on appelle l'éveil de la kundalini) qui englobe les différentes dimensions de ce que je suis : mon esprit, mon cœur et ma dimension spirituelle ou mon âme. C'est précisément l'objectif de la sexualité tantrique, la voie de la sexualité sacrée, que de réunir nos différentes dimensions dans une forme de ritualisation. C'est la grande découverte des sens qui est recherchée et partagée. Étymologiquement, c'est la conjonction de deux mots sanskrits, *tanoti*, qui signifie « expansion », et *trayati*, « libération », qui ont donné le mot *tantra*, « expansion-libération ». La sexualité tantrique, c'est s'aimer bien, s'aimer fort, s'ouvrir à des expériences sexuelles, sensuelles et sensorielles pour aller plus loin à deux et s'épanouir dans des énergies positives.

- **Les chakras** : nous pouvons activer et ouvrir ces fameuses 7 « roues d'énergie » aux couleurs de l'arc en ciel qui permettent une bonne circulation de l'énergie vibratoire, sur les plans physique et spirituel.

Quand notre corps parle

Pour terminer sur cette idée d'ouverture du corps, n'oublions pas que celui-ci a aussi son propre langage. Il exprime de manière consciente ou inconsciente des signaux d'ouverture ou de fermeture, comme les fameux sourcils froncés, les bras croisés, les pieds qui tapotent, etc.

Selon la célèbre étude menée en 1971 par Albert Mehrabian, professeur de psychologie sociale à l'université de Californie, **93 % d'un message exprimé serait véhiculé par le non-verbal** (55 % par le corps, notre physique, nos gestes, nos expressions faciales, 38 % par le timbre de voix) et 7 % seulement par les mots.

Ces chiffres mettent en évidence que notre langage corporel contribue énormément à l'installation d'une communication « ouverte » et confiante ou, à l'inverse, réservée et méfiante. Notre corps « ouvert ou fermé » participe pleinement à l'interaction avec l'autre et joue un rôle prépondérant dans notre façon d'être en lien.

LE SOURIRE OUVRE LES CŒURS

Bien qu'il puisse aussi être signe de tristesse, de déception, d'ironie, d'agressivité ou d'autres sentiments négatifs, **le sourire est avant tout l'expression universelle la plus positive qui soit**. Particulièrement sensibles au sourire, les neurones miroirs, appelés également « neurones de l'empathie » nous aideraient à regarder en l'autre... comme dans un miroir, et à faire en sorte que le sourire soit contagieux.

Pour conclure, on comprend que l'ouverture, qu'elle soit ouverture d'esprit, de conscience, de cœur ou du corps, bien plus qu'un état à atteindre, est une dynamique de transformation très puissante, qui, petit à petit, révolutionne l'ensemble de nos constructions biologiques, physiques et mentales.

Allons plus loin dans notre transformation...

L'empathie sous toutes ses formes

Des frontières qui n'en sont pas...

La distinction entre les différentes formes d'ouverture citées précédemment est, bien évidemment, purement symbolique. En effet, l'esprit, la conscience, le corps et le cœur ne sont pas aussi grossièrement séparés !

Bien sûr, nous pouvons nous sentir en « contact » plus étroit avec l'un ou l'autre : certains peuvent oublier, voire abandonner, leur corps en n'en prenant pas soin ; d'autres au contraire devenir complètement obnubilés par lui. Certains aussi peuvent surdimensionner leur mental, quitte à devenir prisonniers de leurs systèmes de pensées, et d'autres enfin peuvent fermer délibérément leur cœur aux autres et à l'idée d'une relation affective.

Bref, de manière générale, les frontières entre l'intellect, l'émotionnel et le corporel ne sont pas super claires... En réalité, tous ces aspects de nous-même prennent racine dans une même et unique source : l'empathie. Encore elle ! Elle est partout. Il est vrai qu'aujourd'hui elle est fortement étudiée par de nombreuses disciplines scientifiques comme la neuropsychologie, les neurosciences, la psychologie cognitive, la sociologie, la philosophie... Et elle s'impose depuis quelques années comme **un composant intrinsèque et nécessaire au bonheur et à la coexistence harmonieuse des individus**.

Car au-delà de sa définition classique – la capacité connue et reconnue à ressentir et comprendre les émotions d'autrui –, l'empathie implique également des composants cognitifs ; c'est-à-dire des processus mentaux qui se rapportent à la connaissance et qui mettent en jeu l'intelligence, le raisonnement, le langage, l'apprentissage, etc.

Il existe donc, en quelque sorte, deux empathies. Une **empathie émotionnelle**, qui désigne la capacité de ressentir les émotions d'autrui et que l'on peut rapprocher de l'ouverture de cœur, et une **empathie cognitive**, qui fait référence à la capacité d'adopter la perspective, le point de vue et la vision d'autrui, et que l'on peut rapprocher de l'ouverture d'esprit.

Mais, finalement, ouverture de cœur et ouverture d'esprit relèvent d'un même mouvement intérieur. C'est faire le vide en soi et se rendre disponible pendant un instant pour accueillir l'émotion ou l'idée d'un autre. Un nouveau monde à découvrir… un nouveau royaume.

Et même si, une fois cet instant passé, nous remettons en question le point de vue de l'autre et ne sommes pas d'accord avec lui, pendant cet instant, nous l'avons vraiment reçu et nous l'avons vraiment rencontré. Quoi de plus beau qu'une vraie rencontre !

On s'est ouvert, on a fait taire sa propre voix pour pouvoir créer de l'espace et accueillir celle de l'autre, on a pris en considération sa pensée et ses émotions, on l'a reçu dans notre cœur comme on reçoit un ami dans sa maison… Il y a une jolie dimension éthique dans la dynamique de l'ouverture, faite de respect et de prise en considération de l'autre. Je te vois et je t'entends.

« Toi, toi mon toit[51] », le précieux compagnon de mon ouverture

Pour expérimenter notre empathie, progresser, évoluer, grandir, avancer, nous élever…, nous avons un compagnon idéal : l'autre. Qu'il soit notre amoureux(se), un membre de notre famille, un ami, un collègue, un inconnu… peu importe, l'autre est ce quelqu'un qui n'est pas moi ! Nous avons besoin de l'autre pour apprendre, grandir et nous rendre heureux. Sans l'autre, à la fois différent et semblable, impossible de nous expérimenter, de nous

51. Refrain d'une chanson d'Elli Medeiros, « Toi mon toit », Barclay, 1986.

comprendre et d'évoluer. Sans l'autre, pas d'amour, de soutien, de partage, de challenge, de remise en question, de connaissances… On grandit et on s'épanouit grâce à l'autre. C'est impossible autrement !

L'interdépendance et nous

Nous sommes tous reliés, interdépendants. Et l'interdépendance est un mot-clé magique pour s'ouvrir à soi, aux autres et à la vie. On l'a vu, à la naissance nous sommes vulnérables. Si une mère n'avait pas pris soin de nous pour nous donner à boire, à manger, pour nous habiller, etc., nous serions déjà morts. Idem pour notre éducation et notre vie en générale. À y regarder de près, et même si nous avons une fâcheuse tendance à croire que nous nous sommes faits « tout seuls » et que l'on ne doit rien à qui que ce soit, une multitude de personnes nous ont aidés d'une manière ou d'une autre : ils nous ont appris, aimés, aidés, soignés, protégés, ont pris soin de nous d'une manière ou d'une autre. Et si je peux aujourd'hui boire mon thé chaque matin, c'est parce que, quelque part sur notre planète, des personnes ont pris soin de planter des théiers, de récolter leurs feuilles, puis de les emballer, transporter, distribuer, etc. Nous mangeons, nous buvons, nous nous logeons, nous nous habillons grâce aux autres.

Notre interdépendance est encore plus manifeste avec la mondialisation de notre économie : une crise boursière aux États-Unis ou un tsunami en Asie ont un impact direct sur notre vie quotidienne. Le virus de la Covid-19 qui fait des ravages sur la planète entière en est peut-être le meilleur et le plus terrible exemple. Nous sommes tous en interdépendance fragile. Comme des pièces de LEGO® emboîtées dans une même construction, nous n'existons pas les uns sans les autres.

> « Ainsi je suis responsable pour moi-même et pour tous, et je crée une certaine image de l'homme que je choisis ; en me choisissant, je choisis l'homme. [...] Tout se passe comme si, pour tout homme, toute l'humanité avait les yeux fixés sur ce qu'il fait et se réglait sur ce qu'il fait. »
>
> Jean-Paul Sartre[52]

L'autre est constitutif de ce que nous sommes, de ce que nous pouvons devenir, de ce que nous avons envie de devenir et du monde qui nous habite… Alors soyons sympas et reconnaissants entre nous tous ! #bekind

L'ÉPIGÉNÉTIQUE, UNE RÉVOLUTION SCIENTIFIQUE

L'épigénétique est l'étude de la modification de l'expression de nos gènes (ADN) en fonction de notre environnement, son présupposé étant donc que l'expression de nos gènes (qui déterminent la personne que nous sommes) est directement influencée par notre environnement.

Les facteurs déterminants seraient : un mental calme (bonne gestion du stress), un bon niveau d'activité physique, une alimentation saine, du plaisir et un niveau de satisfaction correct, un environnement social équilibré et des liens affectifs nourrissants.

> « Il n'y a que deux façons de vivre sa vie : l'une en faisant comme si rien n'était un miracle, l'autre en faisant comme si tout était un miracle. »
>
> Albert Einstein

52. Jean-Paul Sartre, *L'Existentialisme est un humanisme* (1946), Folio essais, Éditions Gallimard, 1996.

Il est où, le bonheur ?

S'ouvrir rend plus heureux, mais de quel bonheur parlons-nous exactement ?

Définir ce qu'est le bonheur est une entreprise délicate car le bonheur est par nature subjectif. Il existe donc vraisemblablement autant de bonheurs que d'individus !

Alors, qu'est-ce que le bonheur ?

Le bonheur, une histoire de chimie : sur un plan purement corporel, il est lié aux trois substances que sont la sérotonine, la dopamine et les endorphines. Ainsi, un état de dépression correspond à un taux faible de ces molécules dans notre corps.

Le bonheur, une histoire de génétique : rappelons qu'un lien potentiel de 50% existe entre notre capacité à être heureux et nos gênes. Pour rappel, 50 % de notre bonheur serait lié à notre capital génétique, 10 % à notre environnement et 40 % à nos choix et nos actions.

Le bonheur, un état de satisfaction : même s'il n'y a pas de définition absolue et identique pour tous, nous pouvons nous accorder sur le fait que le bonheur nous procure une sensation de satisfaction, de calme, de sécurité et de paix. La souffrance, le stress et l'insécurité sont absents. Distinct des plaisirs éphémères ou des joies intenses mais passagères, le bonheur marque souvent une apogée, la réalisation de nos désirs, l'accession à une plénitude constituée de sensations d'accomplissement, d'équilibre et de profond *feel good*. Délicieux sentiment que, pour une fois, la vie est de notre côté.

Un bonheur plus mature et authentique est possible pourvu qu'on ne s'illusionne pas sur sa nature et qu'on soit prêt à embrasser les règles du jeu… de l'alternance. **Stop à la vision illusoire d'un bonheur comme paix de l'âme**, comme le dit Nietzsche. Pour lui, comme dans la tradition bouddhiste ou taoïste, le bonheur prend acte de l'ambivalence de la vie. Il est même réconciliation avec les galères et la souffrance, puisque l'idée n'est pas d'esquiver le malheur ou de se détacher des choses du monde pour ne plus en être affecté, mais au contraire d'accepter la souffrance pour ce qu'elle est : un élément de la vie. Puis apprendre d'elle, la transformer, la rendre fertile et belle même… comme un lotus.

DE LA BOUE À LA BEAUTÉ…

Un proverbe raconte que la fleur de lotus vient et vit au milieu de la boue. Ainsi cette fleur devenue sacrée puise-t-elle ses ressources vitales dans la boue représentant la souffrance, et réussit à s'épanouir en dressant ses pétales en direction du soleil.

Être heureux, c'est faire comme le lotus, parvenir à se nourrir de la vie avec sa part de chaos, et se redresser en direction du soleil. Pour être heureux, il faut donc dire « oui » à la vie, « oui » à son destin (l'*amor fati*). Il ne s'agit pas d'un « oui » passif ou résigné, mais d'un « oui » franc, joyeux, actif, qui marche vers son destin la tête haute.

Bonheur hédoniste ou eudémoniste ?

« Oui » à la vie et à son destin, et cap sur le bonheur, mais lequel ?

Plaisir et hédonisme

L'hédonisme est ce bonheur fondé sur la recherche de stimulations de nos sens et de nos émotions. Il permet de satisfaire un certain nombre de besoins vitaux, nécessaires à notre survie, puisqu'il constitue notre motivation pour manger, faire l'amour, créer des liens, voir des amis, se rencontrer, etc. Parallèlement, c'est tout ce qui justifie aussi la quête de chimères telles que la gloire, la beauté, l'argent, le pouvoir, les biens matériels, etc.

Le bonheur hédoniste consiste donc à privilégier avant tout le plaisir, nous maintenir dans l'accomplissement de nos désirs et de nos besoins, et fuir l'ennui et l'inconfort. Les émotions agréables menant au bonheur hédoniste sont donc aussi intenses qu'un tour de grand huit, mais fondées sur l'immédiateté et l'éphémère. Le bonheur hédoniste induit donc un mode de recherche incessant et épuisant, d'autant qu'à cette course se mêle un autre phénomène appelé l'adaptation hédonique.

L'adaptation hédonique est un effet qui provoque une accoutumance aux expériences positives et nous pousse à vouloir toujours plus. Pourquoi ? Pour revivre encore et encore ces effets agréables qui nous procurent tant de satisfaction. Thierry Janssen l'explique parfaitement : « L'adaptation hédoniste comporte un piège dans lequel il faut veiller à ne pas tomber : à force de rechercher de nouvelles stimulations, nous risquons de connaître un état d'insatisfaction chronique qui empêche de connaître le bonheur. Le danger est alors de nous laisser entraîner dans une surenchère et une course sans fin. Nous ne sommes jamais contents[53]. »

Sens et eudémonisme

L'eudémonisme, quant à lui, considère le sens comme la valeur fondamentale : nous avons besoin de comprendre et d'attribuer une signification à ce que nous expérimentons pour pouvoir construire et diriger notre vie. Parce que, outre le fait que nous sommes seuls maîtres de notre destin, nous devons nous inventer tous les jours ! À ce titre, nous sommes tous de sacrés *designers*, puisque nous devons à la fois dessiner notre vie et gérer

53. Thierry Janssen, *Le Défi positif*, Pocket, 2013.

notre dessein, c'est-à-dire avoir une vision de sa vie et du sens qu'elle peut avoir.

Sans cette capacité à donner un sens à notre existence, nous serions réduits au sentiment d'absurdité et d'impuissance, qui ne fait pas bon ménage avec les qualités que nous devons déployer pour survivre et bâtir nos familles, nos communautés, nos villes, nos pays, etc.

Ce type de bonheur nous procure du bien-être par la connaissance et la compréhension, l'exploration de soi, l'atteinte de buts et d'objectifs, l'obtention d'un diplôme, l'apprentissage d'une nouvelle langue, l'expérience d'une autre culture, etc. L'eudémonisme, c'est cette motivation qui nous incite à nous développer en tant que personne, à nous dépasser avec la satisfaction et la fierté d'une progression personnelle, cognitive, éthique, spirituelle, émotionnelle, etc.

Si les deux types de bonheur, hédoniste et eudémoniste, ne sont pas forcément contradictoires, il est intéressant de remarquer que le besoin de plaisir et le besoin de sens ne se conjuguent pas aux mêmes temps : le besoin de plaisir joue sur l'immédiateté, alors que le besoin de sens accepte d'être satisfait de manière différée. En effet, c'est parce que certaines choses ont du sens à long terme pour nous que nous acceptons certaines frustrations et déplaisirs dans l'instant.

> « Celui qui a un pourquoi qui lui tient lieu de but peut vivre avec n'importe quel comment. »
>
> Friedrich Nietzsche

HISTOIRE ÉDIFIANTE...

Au Moyen Âge, trois hommes transportaient chacun une lourde pierre. Un enfant intrigué leur demanda ce qu'ils faisaient.
Le premier répondit : « Je porte une pierre. »
Le deuxième : « Je gagne ma vie. »
Le troisième : « Je bâtis une cathédrale. »

Et vous ? Posez-vous un instant et demandez-vous quel est le projet, l'activité, le combat qui a du sens à vos yeux.

Quelle voie choisir ?

Y a-t-il une voie vers le bonheur qui soit meilleure qu'une autre ? Non, répond le célèbre professeur de philosophie Tal Ben-Shahar, qui définit le bonheur comme « la sensation globale de plaisir chargé de sens ». C'est la solution 2 en 1 ! Il ne s'agit donc pas d'opposer les deux conceptions du bonheur, ni de diaboliser la recherche de plaisir. Il s'agit de combiner les deux en étant aligné avec la raison d'être de sa propre existence.

Évitons la pression...

Déjà, prenons du large avec l'injonction du bonheur à tout prix. Nous vivons en effet dans une société qui nous met une terrible pression à ce sujet, comme le montrent très bien Edgar Cabanas et Eva Illouz[54]. À longueur d'articles, de reportages, d'ouvrages, on nous bassine avec une vision formatée du bonheur. Or, ne nous leurrons pas : dans certaines situations ou à certains moments de la vie, la quête du bonheur est impossible. Donc pas de culpabilité.

54. Edgar Cabanas et Eva Illouz, *Happycratie, Comment l'industrie du bonheur a pris le contrôle de nos vies*, Premier Parallèle, 2018.

Et puis, il faudrait faire une vraie distinction entre un bonheur préfabriqué par d'autres, qui ressemble plus à un miroir aux alouettes, et un bonheur construit sur une solide compréhension des véritables causes du bonheur, dont parlent si bien les traditions chinoise et indienne.

Le secret des petits moments réussis

Comme le dit l'éminent Tal Ben-Shahar, « il ne suffit pas de trouver un sens global à sa vie au sein du grand Tout, mais aussi au niveau du quotidien ». Il est ainsi essentiel de privilégier dans sa vie de tous les jours les relations nourrissantes et inspirantes, de prendre soin de soi, de se donner du temps, de pratiquer des activités ou des loisirs qui nous passionnent, et de se rapprocher ainsi de l'« expérience optimale » décrite par le psychologue hongrois Mihály Csíkszentmihályi.

L'exercice du bonheur, c'est aussi s'efforcer d'habiter « poétiquement » le monde en organisant de petits rituels agréables au quotidien, pour se faire du bien et se faire plaisir, et participer jour après jour à son accomplissement, dans un mouvement d'« épanouissement vertueux[55] ». Vertueux, car nourri de sens pour soi et pour les autres. Il s'agit davantage de donner du sens à sa propre existence que de donner – ou de redonner – du sens et des jolies couleurs à la vie. La nuance est de taille ! Il revient donc à chacun d'inventer le sens de sa propre existence tout en se faisant du bien et en prenant soin des autres au passage.

Le bonheur, une question d'addition

Ce que nous sommes et notre existence, c'est-à-dire ce que nous vivons, sont une addition de moments mis bout à bout, comme une suite d'images dans un film. Même si nous nous considérons

55. Thierry Janssen, *op. cit.*

comme une « unité », il est utile de nous rappeler que, d'un point de vue anti-romantique, nous sommes une addition de cellules, de connexions, de mise en actes, d'histoires, d'événements, de ressentis et d'expériences disparates.

Concrètement et mathématiquement, notre existence est une succession d'instants et de moments. C'est un moment + un moment + un moment… dont la somme finit par constituer une journée qui, elle-même additionnée à d'autres, finit par faire une vie.

Pour être le plus heureux possible, l'idée sera donc de savoir additionner des moments réussis. Additionner les moments réussis nécessite de savoir collectionner tous les petits moments de la vie et d'en faire un objectif à part entière. C'est aller, tel un chasseur de papillons, à la recherche des petits instants de bonheur vécus par-ci par-là, et apprendre à les apprécier pour ce qu'ils sont. Collecter toutes ces petites choses du quotidien, ces situations qui contiennent des perles de bonheur, plutôt qu'en attendre autre chose et viser un idéal frustrant par nature, puisque fantasmé, abstrait et précaire ! Puisque nous ne sommes qu'une succession d'instants mis bout à bout, autant les rendre jolis, agréables et heureux, non ? C'est toute la nuance qui existe entre être en vie (juste exister) et être vivant (se sentir empli de vie, être conscient de ce flot d'énergie qui coule en nous et savoir en profiter).

Combien de minutes de bonheur par jour ?

Dans une de ses très touchantes confessions[56] à une journaliste qui lui demandait si elle était heureuse, Edith Piaf a répondu :

« Difficile question, on n'est jamais vraiment heureux. On est peut-être 10 minutes heureux dans la journée. Je suis heureuse quand je chante, et puis dans la journée… peut-être 10 minutes. 10 minutes, c'est déjà pas mal ! »

Et vous, de combien de minutes de bonheur par jour estimez-vous profiter en réalité ?

56. Archives INA.

Nous disposons d'une certaine liberté dans la façon que nous avons de totaliser nos moments réussis car rien n'est gravé dans le marbre à l'intérieur de nous. En changeant notre regard sur nos expériences, nous modifions notre structure intérieure. À partir de là, tout peut arriver. À présent, votre job d'ouverture sera d'apprendre à voir le bon, le bien et le beau dans les petites choses, de savourer 10 minutes de bonheur par jour, de savoir augmenter leur durée et de les reproduire le plus possible dans votre vie de tous les jours.

LE POUVOIR DE L'EXPÉRIENCE

Une expérience est un phénomène subjectif composé de trois ingrédients : des sensations, des pensées et des émotions.

Vivre chaque expérience de manière positive implique de conjuguer en permanence deux « postures » :
– tout d'abord, prêter attention à nos sensations, nos pensées et nos émotions, c'est-à-dire être en conscience et en présence sensible ;
– puis, laisser ces sensations, pensées et émotions nous influencer pour agir le plus correctement possible.

Avec un enjeu de taille : ne pas se laisser entraîner dans chacune de nos sensations, tout en restant ouvert à ce qui se passe en nous, et ainsi être en mesure d'en faire « quelque chose ». Être le maître de sa vie.

Être vraiment là

Pour vivre et maximiser des moments réussis, il faut déjà les voir ! Pour cela, un seul élément essentiel : une **qualité de présence et d'attention**. Et nul besoin de devenir grand lama tibétain ou grand maître de yoga pour y arriver ! Il suffit juste de se lover dans un état de conscience. Cet état de présence, de clarté et de calme naturel est là, en nous, derrière les nuages des préoccupations diverses et ordinaires du quotidien. Allez, on respire tout doux…

La présence, c'est la conscience du moment et de l'expérience de ce que je vis à l'instant même où je suis en train de les vivre.

L'attention correspond à la manière dont le cerveau, avec ses récepteurs sensoriels, gère un événement extérieur (un son, une image, une odeur) ou intérieur (une pensée, une image, un sentiment), et porte cet événement à un certain niveau de conscience.

L'idée est donc de savoir travailler une attention éveillée sur les trois niveaux : pensées, sensations et émotions. Cela nécessite qu'il y ait un pilote dans l'avion, qui soit conscient de ce qui le traverse et des motivations qui l'animent, à l'instant T de la prise de conscience. Il ne peut y avoir de bonheur sans conscience immédiate. Donc, pour être heureux, nous devons apprendre à être présent sur l'instant, en pleine conscience, en étant à même de nous dire, sur le moment : « Hé, je suis bien là, non ? ».

Pour qu'il y ait bel échange et belle relation, c'est pareil : il faut être là, en état de présence. On est alors à l'écoute de ce qui se dit, à l'écoute de ce qui se joue, à l'écoute de l'écoute elle-même, afin d'accueillir ce qui vient dans notre esprit, tout en développant une attention à ce qui nous environne. Seule une présence authentique peut nous permettre de vivre consciemment des relations pleines et des moments réussis.

Le pouvoir de l'intention

Vous l'avez compris, dans la formule « moments réussis », il y a déjà l'idée d'une intention positive qui, forcément, induit l'orientation de ce que nous souhaiterions vivre.

Une intention, c'est avoir l'idée, la motivation de faire quelque chose, sans que la réalisation en soit assurée pour autant, comme pour un simple souhait. **Une intention donne une valeur et une orientation à nos actions.** Elle permet de leur donner un sens, une couleur particulière. Elle nous permet d'être plus clairs et concentrés sur ce qui compte pour nous, plus focalisés sur nos objectifs de vie, de mieux discerner et de mieux travailler la beauté et la qualité de ce que nous souhaitons vivre, et d'être le créateur de notre existence.

À l'inverse, quand on ne se donne pas d'intention précise, notre mental prend naturellement le contrôle en mode automatique, et là, surprise, il se peut qu'il nous emmène dans des contrées que nous n'avions pas du tout envie de visiter.

Plus que l'action elle-même, c'est l'intention qui la sous-tend qui compte et que nous sommes appelé à travailler. Tout est question de motivation et d'intention juste. Offrir un cadeau par exemple, aider, connecter deux personnes entre elles ou prêter quelque chose auquel on tient peuvent être des actes considérés comme vertueux... Mais, si l'intention de départ est de manipuler, de contrôler ou d'en tirer un simple retour égotique, ils perdent subitement de leur charme et deviennent de pesants fils à la patte.

Quand les intentions sont justes, les actions sont justes.

Apprécier les petites choses

Trouver le bonheur dans les petits riens du quotidien, ça se cultive n'importe quand et n'importe où ! À la maison, dans un jardin, au bureau, seul, en famille, avec des amis, des collègues ou des inconnus, dans la rue, les transports, au restaurant... nous pouvons toujours saisir les petits instants ou les petits moments réussis et les savourer.

Ces petits moments de bonheur sont des petites lueurs dans la journée qui nous mettent du baume au cœur : regarder le ciel, s'émerveiller d'un fugace rayon de soleil, apercevoir la lune entre deux immeubles, regarder son chat qui dort roulé en boule, se glisser dans des draps propres, prendre un apéro entre amis, partager un sourire, boire un thé, voir le vent caresser les feuilles des arbres, lire au calme deux ou trois pages d'un bon livre, écouter son amoureux(se) ou son enfant raconter sa journée, parler avec un(e) ami(e)…

Voici une mise en pratique simple : se lever le matin, être content d'être en vie, sourire et démarrer cette nouvelle journée = petit bonheur. Voir qu'il fait beau dehors, que le soleil brille = petit bonheur. Prendre une bonne douche chaude = petit bonheur. Prendre son premier café dans le silence de la maison = petit bonheur. Partager le petit-déjeuner avec ses enfants = petit bonheur. Écouter sa musique préférée en allant au travail = petit bonheur. Retrouver certains collègues ou collaborateurs avec lesquels on s'entend bien sur un nouveau projet = petit bonheur. Marcher dans la rue, voir les petits commerces ouverts, s'offrir un bouquet de fleurs = petit bonheur. Pratiquer une séance de yoga ou de méditation = petit bonheur. Appeler une personne chère = petit bonheur. Regarder une bonne série en pyjama = petit bonheur. Et ainsi de suite…

Devenons des collectionneurs de petits moments réussis, et restons fidèles à l'équation suivante :

1 bon moment + 1 bon moment + 1 bon moment
= une bonne journée.

1 bonne journée + 1 bonne journée + 1 bonne journée
= une vie plus heureuse !

Dire « oui ! »

Dire « oui » à la vie et à toutes ses couleurs signifie déjà **déjouer notre programmation de survie et son biais négatif**. C'est s'entraîner à ne pas rester bloqué comme un disque rayé sur une même rengaine amère, et au contraire faire corps avec le mouvement de la vie, l'accepter pleinement, s'en nourrir, le faire sien afin que tout ce qui nous arrive ne soit plus subi mais accueilli. Cela implique une réconciliation consciente avec tout ce que nous apporte la vie, quelle qu'en soit la nature. Même quand ce qui nous est donné nous paraît pénible ou moche. On arrête de vouloir lutter, on arrête de refuser ce que la vie propose et on épouse la situation.

Dire « oui » à la vie et à toutes ses couleurs signifie dire « oui » au bon comme au moins bon, aux couleurs les plus lumineuses et les plus heureuses comme aux plus sombres et aux plus hivernales. Dire « oui », c'est être ouvert à la vie tout simplement.

Cela implique aussi une réconciliation avec nous-même, et une rencontre avec nos forces, nos qualités, nos potentiels… « Le défi ultime est de nous accepter exactement tels que nous sommes, mais sans jamais cesser d'essayer d'apprendre et de grandir », dit le journaliste Tony Schwartz.

Il s'agira petit à petit de remplacer la peur par la confiance, confiance en soi et confiance en « quelque chose » de plus grand et de plus fort que nous : la vie et son mouvement. Dès lors, tout deviendra source d'apprentissage et d'enseignement. En épousant cette certitude intime qu'il n'y a pas de situation perdante, seulement des situations gagnantes ou des situations d'apprentissage, pour aller plus loin et plus haut avec soi, on se place dans une douce acceptation des mouvements de la vie et on modifie toute la chimie de notre existence.

Prêt pour l'ouverture ?

Si vous avez décidé de **vous ouvrir plus pour gagner plus** en liberté intérieure, en aisance et en bonheur, il n'y a pas 36000 options. En fait, il n'y en a qu'une : on avance, on avance et on nage avec le courant ! On surfe sur la vague, on danse avec la vie, on prend refuge dans le moment présent, on lâche prise sur la peur et l'insécurité, on s'autorise à s'ouvrir, à apprendre et à grandir non-stop !

C'est ce à quoi la vie nous invite sans cesse.

Considérons donc à présent le processus d'ouverture comme une grande opération détox permettant de nous libérer des freins existentiels de notre « petit moi » pétri de limites et de peurs, qui nous collent au plancher et nous pourrissent la vie.

Embrassons l'air frais d'une nouvelle vitalité intérieure à venir. Ouvrons grand les vannes et commençons à suivre en conscience et en confiance les moments de *up* et les moments de *down*, à cohabiter tranquillement avec nos contrastes, nos contradictions, nos endroits qui disent « prudence, prudence », et nos endroits qui disent « je me jette à l'eau sans bouée ! ».

Trois prérequis sont indispensables avant de vous lancer dans la grande aventure d'une plus grande ouverture : la douceur, la confiance et le courage.

La douceur

« Il faut dompter la vie par la douceur… »

Jules Renard

Oui, mille fois oui ! Pour nous ouvrir, nous avons besoin de douceur.

Souvenons-nous de cette première ouverture au monde lors de notre naissance, qui nous fait passer d'un univers à un autre, de la douce tranquillité du ventre maternel à l'agitation bruyante et frisquette du monde extérieur.

Comme première sortie de notre zone de confort, nous avons commencé fort ! Notre naissance est notre premier grand saut dans le vide et dans l'inconnu, notre premier chaos. Aussi, pour l'accompagner le mieux possible, il est conseillé d'assurer au nouveau-né une continuité avec le monde qu'il vient de quitter en créant autour de lui un climat de douceur : chaleur du ventre maternel qui l'accueille contre lui, mots doux murmurés à l'oreille, calme et tendresse...

C'est exactement pareil pour nous aujourd'hui ! Douceur, douceur... Pour faire nos premiers pas vers une plus grande ouverture, nous avons besoin de sécurité et de douceur. Parce qu'il y a un lien direct entre douceur et sécurité intérieure.

Même si elle peut paraître fade, gnangnan, synonyme de mollesse, de fragilité ou de soumission, la douceur est une force et non une faiblesse. Elle est même « la plénitude de la force », pour reprendre les mots d'Alphonse Gratry, prêtre et philosophe. **La douceur est puissante car elle est désarmante :** elle apaise celui qui la donne et adoucit celui qui la reçoit.

Et puis, elle ne devrait pas être trop compliquée à développer car, comme l'indique la psychologie biodynamique, dès les premiers instants de notre vie, nous serions tous porteurs d'un « noyau sain », c'est-à-dire d'une personnalité dotée d'une disposition amicale envers elle-même et le monde, qui ne demande qu'à s'exprimer et qui permet d'accéder à une forme de bien-être indépendant des situations.

Ce principe de « noyau sain » vous rappelle-t-il quelque chose ?

Eh oui, on en revient toujours à notre fameuse bonté fondamentale enseignée dans les différentes spiritualités, et à notre premier instinct de survie développé par une partie des sciences actuellement : l'empathie ! Il suffit juste d'un regard, d'un sourire, d'une posture, d'une intonation, d'une petite attention, d'une caresse, d'un câlin...

Tout peut être tellement plus simple, on embrasse le principe de vulnérabilité respective, on ouvre son cœur, et on se donne de la tendresse.

La confiance

Dans la droite ligne de la douceur et du sentiment de sécurité intérieure, l'idée est aussi de s'accompagner avec la qualité première de toute relation humaine : la confiance. Faire confiance signifie « se fier avec ». « Se fier », c'est croire et « avec » implique une relation, un autre que soi. **La confiance est forcément relationnelle : relation à soi, aux autres, au monde et à la vie.**

Et se fier à, ou croire en quelqu'un ou en quelque chose, c'est s'en rendre dépendant, d'une certaine manière. Donc accepter une certaine vulnérabilité.

Il est vrai que cette dépendance peut faire peur, parce que, encore une fois, nous prenons le risque de la déception, des blessures, des conflits... Il est vrai que la confiance nécessite de faire un saut dans le vide. *Jump !* Pour cela, nous devons écarter l'écueil de la naïveté, apprendre à mieux discerner, prendre nos responsabilités, cesser d'avoir besoin « de voir pour croire » avant de sauter, et arrêter de vouloir se sentir prêt avant d'oser se lancer. Car on n'est jamais tout à fait prêt ! La confiance, ce n'est pas maîtriser d'abord pour y aller ensuite, c'est y aller d'abord, et gagner en maîtrise après.

Comme dans une scène de *Superman*[57] dans laquelle le héros se demande s'il peut faire confiance aux habitants de la planète. À quoi son interlocuteur, le père Leone, lui répond : « il faut parfois poser l'acte de foi d'abord, la confiance vient après ».

La confiance, ce n'est pas ne pas douter, c'est avancer malgré les doutes. Je peux me faire confiance parce que je me reconnais le droit à l'erreur et la force de vivre cette erreur. La confiance me donne des ailes, qui me donnent le courage de m'ouvrir, de prendre le risque de la relation à l'autre, et plus largement le risque de la confiance en l'Homme. Elle est aussi une capacité à s'émerveiller, à s'enthousiasmer, un subtil mélange d'optimisme et d'espoir.

Personnellement, pour m'aider à « faire ce saut » dans la confiance et m'ouvrir à l'autre, je me rappelle ces deux grandes idées qui sont devenues ma nouvelle orientation de pensée, mon nouveau système de croyance et de représentation :

1. Je me fie à l'idée de notre nature fondamentalement bonne et tente de me positionner le plus possible dans cette dimension la plus lumineuse de notre être pour penser, faire, agir, réagir, etc.

2. Je me fie à l'idée du principe de vie fondamental fait de mouvement, d'énergie et d'alternance : un jour *up* et un jour *down*, un jour tout fonctionne et un autre tout s'enraye. Je relativise et je maintiens ma confiance dans ce que je vais pouvoir créer avec cette matière-là, pour la rendre fertile et avancer « avec ».

57. *Man of Steel*, film de Zack Snyder, 2013.

La confiance est une posture qui produit toujours un fruit, forcément, car avec elle, nous nous glissons dans le flux, le mouvement, l'action et l'énergie. Si, en plus, nous arrivons à mettre à distance la tension de la volonté, du contrôle et des attentes, nous devenons le roi ou la reine du monde ! De notre monde.

À partir de là, des petits miracles pourront apparaître…

Le courage

Le mot « courage » vient du mot latin *cor* qui signifie « cœur ». Le courage est une vertu qui permet d'entreprendre des choses difficiles malgré le danger, la peur ou la fatigue. Elle suppose un surpassement, un « on avance et on continue quand même ».

Le courage est souvent associé à l'héroïsme ou à l'audace. Chögyam Trungpa, grand maître bouddhiste tibétain, en parlait ainsi : « On pourrait s'imaginer qu'au moment de faire l'expérience du courage, on entendrait l'ouverture de la cinquième symphonie de Beethoven, mais il n'en est rien. Dans la tradition Shambhala, c'est en travaillant la vulnérabilité du cœur humain qu'on découvre le courage[58]. »

Être courageux, c'est voir avec son cœur. C'est une attitude intérieure. C'est la compréhension et la capacité de prendre à cœur la conduite de sa propre vie, en conscience et en responsabilité, et être guidé par un « sens de justice et d'altruisme[59] ».

Ainsi, le courage pourrait se rapprocher de « faire ce qui est juste », comme le dit Confucius. C'est savoir écouter cette petite voix intérieure qui sait ce qui compte pour nous et nous donne la force de continuer et de dépasser avec dignité.

---

58. Chögyam Trungpa, *Shambhala : la voie sacrée du guerrier*, Le Seuil, 2004.
59. André Comte-Sponville, *Dictionnaire philosophique*, PUF, 2013.

Voie du cœur et voie du courage, même combat ! Cœur, courage, force d'âme… il nous en faut pour réussir à vivre debout dans ce mouvement permanent.

> « Le cœur rêve du futur, le futur n'est pas encore là. Il doit venir, il va venir. Il est déjà en train de venir. Il comporte un possible. À chaque instant le futur devient présent et le présent devient le passé. Le passé n'a pas de possible, il a déjà été utilisé. Vous vous en êtes éloigné. Il est comme une tombe. Le futur est comme une graine, il vient constamment, il atteint et rencontre toujours le présent. Vous êtes constamment en mouvement. Le présent n'est rien d'autre qu'un mouvement dans le futur. C'est un pas que vous avez déjà fait dans… le futur. »
>
> Osho Rajnesh

L'ouverture, pour quoi faire finalement ?

1. **Pour être dans le flux de la vie**, être en accord avec son énergie faite d'alternance et de mouvement. Savoir transformer et rendre fertile tout ce qui nous arrive. GRANDIR, ÉVOLUER, JOUER.

2. **Pour accéder à ce bonheur qui conjugue sens et sérénité.** Il s'agit de déjouer le biais négatif de notre programmation de base, être plus en conscience et en maîtrise, et savoir se rendre la vie plus belle en sachant apprendre d'elle à chaque instant et apprécier ce qu'elle nous apporte. ÊTRE PLUS HEUREUX.

3. **Opérer un changement de logiciel intérieur.** Comme notre existence est constituée d'une succession de moments et d'expériences, la répétition de pensées et d'émotions positives, d'actes, de gestes, de moments d'ouverture crée une véritable reprogrammation globale positive, du corps et de l'esprit. C'est une spirale vertueuse phénoménale. Plus on pratique l'ouverture

et les petits moments réussis, plus on s'ouvre et plus on est heureux. Et plus on est heureux, plus on s'ouvre en confiance et en détente. Et plus on est en confiance et en détente, plus notre esprit et notre corps se transforment… De nombreuses études scientifiques, dans le domaine des neurosciences et de la psychologie positive, vont dans ce sens : s'ouvrir à la bonté, à la gentillesse, au partage, à la joie est bon pour le moral et la santé ! C'est également le champ d'études et d'investigation de la nouvelle branche complètement révolutionnaire de la biologie génétique : la très sérieuse et prometteuse épigénétique. CHANGER, SE TRANSFORMER.

Troisième mouvement : **ancrer la transformation**

Après la théorie, la pratique ! Il est temps de prendre votre nouvelle vie en main et de vous ouvrir plus encore à son mouvement pour faire grandir votre force intérieure et votre sérénité. Je vais vous accompagner sur ce chemin d'une plus grande ouverture, en vous proposant trois étapes que nous appellerons des « rendez-vous ». Ce sont des rendez-vous avec vous-même !

- **Premier rendez-vous** : Ouvrez (plus grand) votre esprit #openyourmind

- **Deuxième rendez-vous** : Ouvrez (plus grand) votre cœur #openyourheart

- **Troisième rendez-vous** : Transformez-vous grâce à trois rituels #openrituals

Grâce à la mise en pratique de ces petits rituels quotidiens, qui vous permettront de vous entraîner à vivre avec plus d'ouverture dans votre cœur et votre façon de voir, vous allez apprendre à transformer le plomb en or, comme disent les alchimistes. Il ne s'agira pas de réaliser des performances. Nulle compétition ici, juste un seul mot d'ordre : bienveillance.

Bienveillance envers vous-même et bienveillance envers le monde qui vous entoure. Avec patience, douceur et générosité.

Si, au début, la posture d'une meilleure connaissance de soi passe par le mode « **moi d'abord** » pour mieux se rencontrer dans nos fonctionnements, nous passerons petit à petit en mode « **moi**

avec les autres». L'ouverture est le travail de toute une vie et nous avons besoin de l'autre pour ouvrir et développer ce qu'il y a de plus beau en nous…

Amour, amour, je t'aime tant…

Premier rendez-vous : ouvrez PLUS GRAND votre esprit

#openyourmind

« Une des premières choses de l'homme, c'est sa fureur pour la nouveauté, deux grands mobiles font agir les hommes ; la peur et la nouveauté. »

Nicolas Machiavel[60]

Être ouvert d'esprit, c'est faire preuve de compréhension et de tolérance envers les autres et leurs idées, c'est acquérir une largeur d'esprit qui nous met dans une posture d'accueil et d'échanges positifs. C'est savoir développer une nouvelle perception du monde, qui respecte et considère les différents points de vue, en prenant le temps de les analyser posément, en évitant de juger trop rapidement, et en témoignant de l'intérêt envers les choses nouvelles.

Vous souvenez-vous de l'histoire de la marche, de nos premiers pas incertains qui commencent par un déséquilibre et une prise de risque dans le vide ? Eh bien, dans la démarche d'ouverture d'esprit, nous suivons le même mouvement vers l'inconnu et la sortie de notre zone de confort : pas d'ouverture sans découverte ni nouveauté.

La nouveauté est LA condition *sine qua none* et la nourriture principale de l'ouverture d'esprit. Pour ouvrir nos schémas et

60. Nicolas Machiavel, *Le Prince* (1532), Folio classiques, Éditions Gallimard, 2007.

nos cadres de pensées, nos fameuses représentations, il faut accueillir, chercher, rencontrer, je dirais même provoquer la nouveauté ; aller à l'encontre de la tendance naturelle de notre cerveau reptilien en mode survie, agrippé à son ronron.

C'est la rencontre avec le nouveau qui va nous forcer à nous ouvrir et nous dépasser. C'est la nouveauté des expériences, des échanges, des rencontres, des idées, des façons de voir, de faire, de vivre, de manger, de danser, etc. qui va nous interpeller et nous faire sortir de nos certitudes et de nos constructions mentales forcement limitées.

S'engager dans de nouvelles expériences offre de nombreux avantages, car la vie devient ainsi plus significative et plus stimulante. Au revoir l'ennui et bonjour l'excitation de la découverte qui nous ré-énergise. Soyons franc, l'ouverture se situe aux antipodes de la routine et va venir vous challenger un peu… Puisqu'elle est censée suivre la vie et son mouvement constant, à nous donc de nous adapter !

D'ailleurs, plus on est ouvert d'esprit, plus on expérimente et plus on augmente son potentiel de résilience. Nous sortirons de ce chemin enrichi et plus fort. Ça vaut le coup, non ?

« S'exposer à un niveau de risque gérable, c'est comme s'immuniser contre le stress futur. Même si les résultats ne sont pas toujours positifs, par exemple, si on tombe lors de sa première descente en ski, on apprend à le faire différemment lors de notre deuxième tentative. Une fois qu'on a fait notre première chute, on est moins stressé à l'idée de recommencer de nouveau[61]… »

Et hop, de nouveaux champs de possibles !

---

61. Michael Ungar, codirecteur du Centre de recherche sur la résilience de l'université Dalhousie, est également auteur du livre *Le Syndrome de la mère poule : apprendre aux ados à faire face aux risques et aux responsabilités*, Les éditions de l'homme, 2007.

« Aucun de nous n'est complet en lui seul. »

Virginia Woolf

S'ouvrir à soi et à son système de pensées

Ce premier rendez-vous avec vous-même va s'articuler principalement autour de deux verbes d'action : **s'observer et apprendre**.

Comme il s'agit de vous et de votre capacité d'ouverture, vous allez devoir commencer par vous observer, vous questionner et vous remettre en question. Puis, apprendre, expérimenter, oser sortir de votre zone de confort, rencontrer, tout en acceptant d'accueillir ce qui viendra à vous.

LA CONNAISSANCE DE SOI, L'ARBRE ET LA PIROGUE

Un mythe mélanésien plein de sagesse raconte : « Tout homme est tiraillé entre deux besoins. Le besoin de la pirogue, c'est-à-dire du voyage, de la découverte, de la nouveauté, du dépassement, de l'ouverture… et le besoin de l'arbre, c'est-à-dire de l'enracinement, de l'ancrage, de la stabilité, de l'identité. Les hommes errent constamment entre ces deux besoins, cédant tantôt à l'un, tantôt à l'autre, jusqu'au jour où ils comprennent que c'est avec l'arbre qu'on fabrique la pirogue. »

La connaissance de soi est à l'image de cet arbre qui nous permet de construire des bases solides pour pouvoir voguer, sourire, conquérir et nous OUVRIR à la vie et au bonheur.

C'est une étape fondamentale qui va non seulement faciliter votre vie, mais aussi vos rapports avec les autres et le reste du monde.

Ouvrir votre esprit, avec quoi ? Avec vos pensées !

Avant d'être de merveilleux instruments de conquête, nos pensées sont nos premiers instruments de travail pour notre propre exploration. Être capable de reconnaître nos propres pensées, d'identifier leur polarité positive ou négative, de reprendre la maîtrise de celles qui nous enferment et nous bloquent est un atout majeur pour être plus ouvert et libre.

Notre cerveau produit un nombre colossal de pensées. Pour économiser son énergie, il privilégie le pilotage automatique, nous poussant le plus souvent vers une orientation négative – souvenez-vous du biais cognitif négatif.

Mais, excellente nouvelle, nous ne sommes pas obligés de nous laisser embarquer dans cette direction. Car si personne ne peut arrêter le flot de ses pensées, il est en revanche possible d'agir sur leur cheminement, de reprendre le contrôle de celles-ci, et ainsi de créer une nouvelle cartographie. Rien n'est figé. Cet exercice nous permettra dans un second temps de « penser utile » afin d'améliorer notre réalité. Nous y viendrons.

À quoi pensez-vous ?

Pour commencer, prenez contact avec le flux de vos pensées. De façon tout à fait informelle d'abord, prêtez attention à toutes les pensées qui vous traversent. Sous la douche, en vous brossant les dents, en faisant votre ménage, dans les transports, dans une salle d'attente, devant la télévision, lors d'une ballade, etc., et ce, sans essayer de les analyser ou de les commenter. Entrez simplement en lien avec elles.

Faites juste un arrêt sur image, une photo instantanée de vos pensées ici et maintenant. Clic, photo ! C'est tout.

« Quand vous prenez une douche, vérifiez que vous êtes bien sous la douche. Il se peut que vous soyez déjà à une réunion de travail. Peut-être même que la réunion entière est dans la douche avec vous. »

Jon Kabat-Zinn[62]

À quoi étiez-vous en train de penser ? Un mot, une phrase, un souvenir, une image, une tâche ? Avez-vous remarqué qu'à ce mot, cette phrase, ce souvenir, cette tâche, se greffent immédiatement d'autres pensées, et ce, de manière incessante.

En effet, il y a comme une petite voix dans notre tête, qui bavarde et commente en permanence, et c'est précisément avec cette petite voix que je vous propose de faire connaissance pour apprendre à vous ouvrir.

Rencontrez votre *monkey mind*

L'enseignement bouddhiste, qui nous donne des clés de compréhension sur le fonctionnement de notre esprit, nomme cette petite voix ultra bavarde « *monkey mind* », « esprit du singe ». Imaginez un petit singe distrait et instable, dissipé et sans cesse stimulé par ses 5 sens – la vue, l'odorat, le goût, l'ouïe et le toucher. Il passe d'un sens à l'autre, commente tout, donne son opinion sur tout et passe d'une idée à l'autre en permanence. Ce petit singe foufou, c'est la petite voix de notre monologue intérieur. Ses pensées sont essentiellement des commentaires, des jugements, des critiques, etc., qui s'enchaînent les uns aux autres.

Notre liberté commence déjà lorsque nous prenons l'habitude de repérer notre *monkey mind*, et que nous prenons conscience de ses commentaires incessants – à chaque fois qu'une personne

62. Jon Kabat-Zinn, *Méditer, 108 leçons de pleine conscience*, leçon 76, Marabout, 2011.

passe devant nos yeux – « jolie », « pas jolie » –, que nous sommes témoin d'une conversation – « intéressant », « pas intéressant » –, que nous avalons un plat – « bon », « pas bon » –, etc.

Apprivoisez votre petit singe

L'objectif est d'apprendre à vivre en harmonie avec notre « mental de singe » bavard pour l'apprivoiser, le rendre plus serein et plus positif. Pour cela, il faut se montrer attentif, bienveillant et pédagogue envers lui. Notre petit singe a besoin de se sentir reconnu, écouté, compris, accueilli. Pour occuper et tranquilliser notre *monkey mind*, la tradition bouddhiste recommande de lui donner, métaphoriquement, « une banane ». Cela passe principalement par des exercices de méditation, qui offrent à votre esprit un support attentionnel. Concentré sur les va-et-vient de votre respiration, votre petit singe intérieur s'apaise et se calme.

La méditation est la voie royale pour rencontrer notre *monkey mind*. Méditer revient à prendre des vacances avec son esprit ! C'est observer simplement ce qui se passe. Mais, attention, il ne s'agit pas d'essayer d'observer, sinon, il serait question de concentration et d'effort. Il s'agit juste de goûter une forme de présence à soi et d'être dans l'instant, tout simplement. Que cette présence à soi-même soit détendue, inquiète, distraite ou autre… peu importe, pas de jugement, il ne s'agit pas d'atteindre un état particulier, l'état de bien-être stéréotypé que l'on peut voir couramment sur les images qui représentent la méditation. Il s'agit juste d'entrer en contact et en conscience avec l'état de présence dans lequel nous sommes à l'instant T.

Hop, ouverture à l'instant présent.

Une minute pour vous sensibiliser à la méditation

Prenez simplement conscience de votre position : soyez attentif à la façon dont vous êtes assis et au support qui vous soutient (chaise, canapé, etc.). Posez votre esprit, soufflez et prenez conscience des allers et retours de votre respiration. Inspire, expire.

Vous allez maintenant entrer en contact avec vos cinq sens et vous les réapproprier.

Avec quoi votre corps est-il en contact : le sol, un coussin, une chaise, etc. ?

Que percevez-vous autour de vous : la pièce où vous vous trouvez, la lumière, le calme ou l'agitation du lieu, etc. ?

Que ressentez-vous : crispations, souffle court, serré, détendu, etc. ?

Qu'entendez-vous : bruit ambiant de la maison, de la ville, voisins, musique, etc. ?

Que sentez-vous : odeurs de parfum, de café, de lessive, etc. ?

Prenez conscience des sensations, des pensées et des images qui peuvent vous traverser l'esprit. Prenez-en conscience sans les juger ni les commenter, laissez-les passer comme un oiseau dans le ciel…

Essayez de reproduire ces petits moments de prise de contact avec vous le plus souvent possible, histoire de vous habituer à « être là » tout simplement et à vous ouvrir à l'instant présent.

Comment pensez-vous ?

Avez-vous un état d'esprit plutôt positif, angoissé, joyeux, tourné vers le futur, le passé ? Découvrez l'abondance et la richesse de vos pensées, comme si vous étiez en train d'observer les poissons multicolores de toutes formes et de toutes tailles d'un lagon des mers du Sud.

Restez en position et exercez-vous à rencontrer la nature des vos pensées. Fermez les yeux une minute et identifiez quel genre de pensées surgissent dans votre esprit…

Vos pensées sont-elles plutôt :

- **Des pensées négatives et critiques** : « Je ne suis pas à la hauteur… », « Il est vraiment nul… », « Quelle vie de m… ».

- **Des pensées positives** : « Je suis contente d'avoir réussi ceci… », « Il est super sympa… », « La vie est merveilleuse… ».

- **Des pensées neutres** : « La chaise est rouge », « Le film commence à 20 h ».

- **Des pensées du passé** : « J'aimais bien nos petites virées à vélo… », « Il était vraiment beau quand il était jeune… », « C'était vraiment mieux avant ».

- **Des pensées du présent** : « J'adore ce que je suis en train de faire… », « Il fait si beau aujourd'hui », « Je kiffe ce moment ».

- **Des pensées du futur** : « J'aimerais faire ceci pour les prochaines vacances… », « Quand il aura son diplôme, alors nous pourrons… », « D'ici quelques années, j'aimerais vivre à la campagne ».

- **Des pensées descriptives** ou interprétatives qui peuvent prendre la forme d'évaluation, de suppositions : « J'ai mal au genou », « Je ressens une sensation de chaleur… », « Pierre, il n'y a plus de places de cinéma » (versions descriptives) ou « C'est pas possible cette douleur dans mon genou… », « J'en ai marre, ça n'arrive qu'à moi… », « Punaise, Pierre, tu as encore zappé les réservations de cinéma ! » (versions interprétatives).

- **Des pensées de comparaison** : « Charlotte est décidément plus rayonnante que sa sœur », « La tarte aux fraises est moins réussie que la tarte au citron… », « La trottinette, c'est plus sympa que le vélo… ».

Le décryptage de ces quelques exemples permet d'illustrer les différentes orientations de nos pensées. Et même s'il y aura bien sûr toujours des exceptions à la règle, la plupart d'entre elles pourraient être catégorisées selon trois critères :

- **leur polarité** : négative / neutre / positive ;
- **leur temporalité** : du passé / du présent / du futur ;
- **leur style** : interprétatif / comparatif / descriptif.

Il existe maintes combinaisons possibles. Nous pouvons par exemple avoir une pensée à la fois négative, future et interprétative comme : « J'en ai marre (négative) et ça ne changera jamais (futur) : à chaque fois, Pierre fait exprès (interprétative) de ne pas réserver le cinéma. »

> « 90 % de nos pensées sont stériles et répétitives. »
>
> Eckhart Tolle

Exercez-vous le plus possible à observer vos pensées en toutes circonstances. À partir de la photo d'une de vos pensées, essayez à chaque fois de lui attribuer une catégorie.

Multipliez au maximum ces moments de prise de conscience et d'identification de vos pensées de l'instant T. Pour vous aider à garder le cap sur votre intention, multipliez les astuces de rappel, les *reminders*. Par exemple, vous pouvez vous donner rendez-vous et programmer l'alarme de votre téléphone à des moments de votre choix. Quand il sonne, stoppez tout. C'est votre minute à vous ! Soixante précieuses secondes pour observer vos pensées. Vous pouvez également coller des post-it dans des endroits stratégiques (sur la porte de frigo, dans votre portefeuille, etc.). Peu importe le moyen habile, pourvu qu'il vous permette de vous rappeler à vous-même et d'entrer en lien avec vos pensées du moment présent.

MON ASTUCE : UN BRACELET POUR LA JOURNÉE

Au début de ma pratique d'entraînement, je me suis accompagnée d'un objet de rappel, un de mes fameux *reminders*. J'ai porté pendant quelque temps un petit bracelet que je déplaçais du poignet gauche au poignet droit en fonction de la polarité de mes pensées. Je démarrais la journée avec le bracelet au poignet droit et, dès que je me prenais en flagrant délit de commentaire négatif, de jugement, de moquerie ou autre, hop, bracelet au poignet gauche ! Pour le repasser sur le poignet droit, je m'entraînais à rediriger mes pensées vers des commentaires plus positifs.

Dessinez les camemberts de vos pensées

À l'issue de cette journée, prenez une feuille de papier et amusez-vous à dessiner grossièrement les camemberts de vos pensées. Bien évidemment, il s'agit de ressenti, pas de savants calculs ni de pourcentages exacts.

Pour vous accoutumer, commencez d'abord avec leur polarité : vos pensées sont-elles de tendance plutôt positive ou négative ?

Puis un autre jour, essayez de représenter leur temporalité : sont-elles plutôt de l'ordre du passé, du futur, du présent ?

Puis interrogez leur style : sont-elles plutôt interprétatives, comparatives, descriptives ?

L'idée, avec ces camemberts, est de réaliser une petite photo de votre cartographie mentale. N'oubliez pas que le monde est votre représentation, et que vous avez tout à fait la possibilité de recolorier et réorienter vos pensées vers une dominante qui vous satisfasse plus.

« C'est dans notre capacité à être présents à nous-mêmes que se trouvent les germes de notre bonheur. Notre niveau de joie et de bien-être dépend de notre niveau de présence, qui lui-même dépend de notre niveau de conscience. »

Chogyam Trungpa

Nous ne sommes pas nos pensées !

À partir du moment où nous réussissons à reconnaître notre *monkey mind* et à identifier nos pensées, nous sommes en mesure de prendre de la distance par rapport à elles. L'intérêt ? Ne pas nous identifier à elles, car nous ne sommes pas nos pensées. Nos pensées sont mouvement, elles vont et viennent, changent et disparaissent à la vitesse de la lumière.

Nos pensées sont en nous sans être nous. Donc pas d'identification !

De la même manière, nous ne sommes pas non plus nos émotions…

Faites le lien entre vos pensées et vos émotions

Maintenant que vous savez identifier vos pensées, prenez le temps de poursuivre votre exploration en faisant le lien avec les émotions qu'elles génèrent.

Lorsque vous pensez « je n'y arriverai jamais » par exemple, que ressentez-vous ? Ressentez-vous l'impact de cette pensée dans votre corps, une sensation, une humeur, une émotion ? Ressentez-vous une baisse d'énergie, une tristesse, un abattement ?

Et à la pensée « je suis super fièr(e) d'avoir réussi ceci », que ressentez-vous ? Quel est l'impact de cette pensée dans votre corps, sur vos sensations, votre humeur, vos émotions ? Ressentez-vous de la joie, de l'enthousiasme, un regain d'énergie ?

Comme vous pouvez le constater, nos pensées génèrent des émotions. Les émotions, quant à elles, créent de l'énergie, négative ou positive. Les émotions négatives agissent comme des freins à l'action ; à l'inverse, les émotions positives agissent comme des accélérateurs. Les émotions du passé invitent à la tristesse et la nostalgie, et celles du futur à la peur et l'angoisse.

Pour trouver l'équilibre, le dosage est savant…

À ce sujet, j'aime beaucoup le modèle de Brooke Castillo[63] qui modélise très simplement les liens entre pensées, émotions et actions. Le fait de les schématiser permet de mieux les identifier, et donc de nous donner des clés simples pour mieux nous comprendre.

- Au début, il y a des faits.

J'écris sur mon ordinateur.

Pierre danse.

Il pleut.

Le chat dort près de la cheminée.

- Ces mêmes faits génèrent des pensées.

J'écris > *Je ne suis pas assez rapide.*

Pierre danse > *Il est vraiment doué et craquant.*

Il pleut > *Zut, il fait un temps de chien, je ne vais rien pouvoir faire.*

Le chat dort près de la cheminée > *Il a l'air tellement bien, quel bonheur !*

63. Cf. note 12, p. 47.

- Les pensées génèrent des émotions.

J'écris > *Je ne suis pas assez rapide.* > angoisse et découragement

Pierre danse > *Il est vraiment doué et craquant.* > désir et envie

Il pleut > *Zut, il fait un temps de chien, je ne vais rien pouvoir faire.* > frustration

Le chat dort près de la cheminée. > *Il a l'air tellement bien, quel bonheur !* > apaisement et sérénité

- Les émotions génèrent des actions.

J'écris > *Je ne suis pas assez rapide.* > angoisse et découragement > j'abandonne

Pierre danse > *Il est vraiment doué et craquant.* > désir et envie > je me rapproche de lui

Il pleut > *Zut, il fait un temps de chien, je ne vais rien pouvoir faire.* > frustration > je m'ennuie et tourne en rond

Le chat dort près de la cheminée > *Il a l'air tellement bien, quel bonheur !* > apaisement et sérénité > je m'inspire : petite tasse de thé, quelques pages de lecture en mode détente près de la cheminée

- Les actions génèrent des résultats : notre réalité

J'écris > *Je ne suis pas assez rapide.* > angoisse et découragement > j'abandonne > réalité peu satisfaisante, je suis en mode échec et perte de confiance

Pierre danse > *Il est vraiment doué et craquant.* > désir et envie > je m'approche de lui > je suis en mode curiosité, envie de rencontre, désir et ouverture

Il pleut > *Zut, il fait un temps de chien, je ne vais rien pouvoir faire.* > frustration > je m'ennuie et tourne en rond, en mode dépendance vis-à-vis de l'extérieur

Le chat dort > *Il a l'air tellement bien, quel bonheur !* > apaisement et sérénité > je fais comme lui : petite tasse de thé et quelques pages de lecture en mode détente > réalité satisfaisante, je suis en mode « je sais prendre soin de moi et profiter de jolis moments ».

Pensez utile

L'idée, maintenant que vous vous êtes accoutumé à vos pensées et que vous avez fait ami-ami avec votre petit singe bavard, c'est de vous entraîner à orienter vos pensées de façon avantageuse et fructueuse, afin de générer des résultats positifs dans votre vie. C'est tout l'art de « penser utile ».

Rappelons-le, vos pensées créent aussi bien votre paradis que votre enfer, et vos émotions génèrent des énergies qui vous boostent dans le sens où vous souhaitez aller ou, au contraire, qui vous sabordent complètement.

À vous donc de mieux savoir les orienter. Pour savoir comment « penser utile » et faire de vos pensées vos meilleures alliées de bien-être et d'accomplissement. Le modèle de Brooke Castillo va justement vous aider à savoir comment faire.

Appliquez le modèle de Brooke Castillo.

Prenez une feuille de papier.

• Sur la première ligne, écrivez :

C (une CIRCONSTANCE) : notez ici une situation.

• Sur la deuxième ligne, écrivez :

P (une PENSÉE) : notez la ou les pensées que génère la situation.

• Sur la troisième ligne, écrivez :

É (une ÉMOTION) : notez la ou les émotions que génère(nt) la ou les pensées.

• Sur la quatrième ligne, écrivez :

A (une ACTION) : notez l'action que vos émotions ont générée.

• Sur la dernière ligne, écrivez :

R (un RÉSULTAT) : notez le résultat ou les résultats, négatifs ou positifs de l'enchaînement C+P+É+A.

Pour illustrer l'efficacité de ce modèle, je partage avec vous une expérience récente.

- Situation de départ

C : J'ai pris du retard dans la rédaction de mon livre et il me reste un chapitre à écrire.

P : Mon éditrice va finir par me détester et me tirer les oreilles (pensée négative).

É : Angoisse et stress (émotion négative).

A : Je suis moins concentrée, je papillonne et perds confiance (réaction négative).

R : Je produis moins vite et j'augmente d'autant plus mon retard (résultat négatif).

Alerte! Je décide de penser utile pour m'en sortir vers le haut et finir dignement sans me décourager. Je me rappelle que je ne suis pas mes pensées et qu'à tout moment il m'est possible de reprendre le contrôle, alors c'est parti…

- **Ré-orientation des pensées négatives et transformation**

C : J'ai pris du retard dans la rédaction de mon livre et il me reste un chapitre à écrire.

P : Mon éditrice est compréhensive, elle est là pour m'accompagner (pensée positive).

É : Confiance, énergie enthousiaste et positive (émotion positive).

A : Je reste concentrée et productive (réaction positive).

R : Je produis plus vite, je limite mon retard (résultat positif).

En partant d'un même fait (un retard), la réorientation d'une pensée originale peut totalement changer la donne.

Bien évidemment, ce n'est pas une formule magique. On ne peut pas forcément remplacer une pensée en disant « abracadabra », et obtenir directement des effets sur nos émotions… Il est indispensable de s'entraîner régulièrement. Dans tous les cas, cette grille de décodage vous aidera à mieux comprendre comment vos pensées influencent votre réalité et vous aidera, petit pas par petit pas, à évoluer vers la vie que vous désirez, en pensant « utile ».

Apprenez encore !

L'ouverture d'esprit implique un surpassement de son propre système de pensées, de croyances et de connaissance, et comme nous l'avons vu au début de ce chapitre, cette attitude induit de la nouveauté, de l'inédit, du surprenant. Or, il existe une manière très amusante, simple et fructueuse d'exercer son ouverture d'esprit : il s'agit d'apprendre !

> « Quand un homme a faim, mieux vaut lui apprendre à pêcher que de lui donner un poisson. »
>
> Confucius

Vous pouvez apprendre à vous cultiver. Concrètement, il s'agit de lire des essais ou des articles d'analyse, d'écouter des conférences sur YouTube, comme les célèbres conférences Ted[64], d'écouter des podcasts sur une thématique qui vous intéresse : expériences de vie, littérature, histoire, sujets de société, géopolitique, témoignages, entrepreneuriat, arts, multimédia, innovation, design, santé, cultures internationales, etc. C'est en *open bar*, c'est gratuit et illimité ! Personnellement, depuis quelques années, j'ai pris l'habitude de courir le matin en écoutant des podcasts ou même des livres audio sur *Audible*[65]. J'aime reproduire ce petit plaisir 2 en 1 dans la journée, lors de mes déplacements en transports en commun, mes moments d'attente, ou lorsque j'ai du mal à m'endormir. 5 minutes par-ci, 10 minutes par-là, encore une demi-heure par là... À force, j'accumule de jolies nourritures intellectuelles et j'intègre de nouvelles connaissances. Rien de plus facile et de plus agréable ! Vive la culture !

---

64. https://www.ted.com/ est une source d'inspiration incontournable ! Le site propose des mini conférences de 18 minutes maximum, dont les sujets sont apolitiques et variés, avec un dénominateur commun : le partage des idées et la bienveillance.
65. Audible est une plate-forme web spécialisée dans la production et la distribution de plusieurs centaines de milliers de livres audio. Cette immense bibliothèque virtuelle contient des grands titres de la littérature française et internationale, des romans, des biographies... et des œuvres moins connues. Le choix est énorme !

MES PODCASTS PRÉFÉRÉS

- **France Culture :** « Les Chemins de la philosophie », « La Conversation scientifique », « Toute une vie », « La Compagnie des œuvres », « Répliques », etc.
- **France Inter :** « Boomerang », « Remède à la mélancolie », « Ça peut pas faire de mal », « Femmes puissantes ».
- **Europe 1 :** « Au cœur de l'histoire ».
- **Slate :** « Transfert ».
- **Arte Radio :** « Bookmakers », « Vivons heureux avant la fin du monde ».
- **Collège de France :** « Philosophie et sociologie ».
- **Natifs :** « Charles Pépin : une philosophie pratique », « EDM (Entreprendre Dans la Mode) », « Émotions », « *Philosophy is sexy* », « Change ma vie », « Le Gratin » « Génération *Do It Yourself* », « Balance ta peur », etc.

Faites votre « C à vous »

« C à vous », vous connaissez ? C'est une émission sympathique sur France 5, qui regroupe plusieurs invités autour d'une bonne table pour échanger et partager autour de sujets aussi variés que l'actualité, le cinéma, la musique, le théâtre, la littérature ou la télévision.

Et si vous proposiez à vos proches ou vos amis une nouvelle idée de dîner sur le thème : « **Qu'en pensez-vous, vous ?** », pour réfléchir ensemble sur des thèmes qui nous interrogent et partager différences et affinités.

Choisissez un sujet qui offre une possibilité de discussion. Il peut s'agir d'une citation qui vous inspire, par exemple : « Le matin, tu peux rester couché pour poursuivre ton rêve, ou te lever pour le réaliser », de sujets comme « Que pensez-vous du polymamour ? », « Que pensez-vous de l'intelligence artificielle ? », etc.

Si cela vous amuse, préparez votre thème en amont : lisez des articles, écoutez des podcasts, etc. Cela aura déjà comme bénéfice d'entraîner votre esprit à la culture et l'ouverture. Quelques petites consignes, bien évidemment : installez des échanges symétriques, tout le monde s'exprime librement et joyeusement, avec une vraie écoute et sans jugement. Gardez en tête que chacun a le droit de ne pas être d'accord avec votre façon de voir, et que ce n'est pas parce que vous la remettez en question que tout s'écroule. Essayez juste de partager vos idées et de recevoir d'autres points de vue dans la joie, le respect et la bonne humeur. Bon appétit!

Vous pouvez également apprendre une nouvelle langue, pour découvrir une autre façon de penser, une nouvelle culture, communiquer avec de nouvelles personnes, et enrichir vos connaissances. La manière dont une culture organise ses pensées avec des mots offre un magnifique point de vue sur sa façon de voir et de penser, sur son histoire, ses valeurs et ses traditions.

SAVEZ-VOUS COMBIEN IL Y A DE MOTS POUR DÉSIGNER LA NEIGE ET LA GLACE EN LANGUE INUIT ?

Dans son dictionnaire de l'inuktitut du Nunavik (Québec arctique), le linguiste missionnaire Lucien Schneider (*Dictionnaire français-esquimau du parler de l'Ungava*, 1970) cite une douzaine de mots de base pour désigner la neige, et une dizaine pour la glace.
Citons par exemple :

- *qanik :* neige qui tombe ;
- *aputi :* neige sur le sol ;
- *pukak :* neige cristalline sur le sol ;
- *aniu :* neige servant à faire de l'eau ;
- *siku :* glace en général ;
- *nilak :* glace d'eau douce, pour boire ;
- *qinu :* bouillie de glace au bord de la mer.

Autre géographie, autre réalité. Autre préoccupation, autre langage…

Vous pouvez acquérir de nouvelles compétences pour vous ouvrir à de nouvelles expériences, développer un nouveau savoir-faire et découvrir de nouveaux potentiels. Par exemple, vous pourriez apprendre à méditer, à philosopher, à jardiner, à cuisiner bio, exotique, végétarien, vegan, traditionnel, à pratiquer le yoga, le théâtre, à jouer d'un instrument de musique, à danser le hip hop, le rock, le lindy hop, la salsa, à écrire des nouvelles ou des romans, à dessiner, peindre, etc.

Écoutez différents genres musicaux : chaque semaine, un nouveau genre ! Blues, classique, rock, folk, funk, jazz, country, techno, rap… Aujourd'hui, nous disposons d'un choix illimité de chaînes de musique en ligne, alors offrons à notre cerveau de nouvelles nourritures et de nouvelles expériences ! Non seulement la musique favorise la motivation, mais elle est également source de plaisir – elle agit sur le circuit de la récompense grâce à certains neurones qui libèrent de la dopamine dans le cerveau –, et peut aussi aider à l'apprentissage. Dans une étude de 2014[66], des étudiants qui apprenaient le hongrois devaient soit parler soit chanter des phrases en hongrois. Le groupe qui chantait se rappelait mieux des phrases que l'autre groupe.

Apprenez des autres et faites du bénévolat. Cela vous permettra de rencontrer des personnes différentes, de découvrir des expériences de vie et des horizons très divers, et de mettre à disposition des autres votre empathie cognitive et affective. Vous augmenterez votre ouverture d'esprit, mais aussi votre ouverture de cœur. Aider les autres, c'est du donnant-donnant pour soi et pour les autres.

Apprenez à affronter vos peurs… Vous agrandirez ainsi votre espace intérieur et élargirez votre champ de vision et de possibles car vous serez moins bloqué par les peurs instinctives ou émotionnelles comme la peur de parler en public, du ridicule, de l'inconnu, de la différence, d'être jugé, de ne pas être à la hauteur.

Vous pouvez aussi décider de faire tomber quelques-unes des barrières qui vous séparent d'une plus grande ouverture intérieure. Je ne pense pas ici à des prouesses héroïques sur fond de symphonie de Beethoven, mais à de toutes petites choses. Par exemple, si vous faites preuve d'une certaine timidité et avez toujours un peu peur d'échanger avec des personnes que vous ne connaissez pas bien, fixez-vous de petits objectifs à atteindre

---

66. https://link.springer.com/, « *Singing can facilitate foreign language learning* », 17 juillet 2013.

chaque jour, comme adresser un simple bonjour ou engager un petit échange informel avec un inconnu. Au fil du temps, vous augmenterez ainsi votre confiance en vous, et sortirez du cercle étriqué du manque de confiance en soi pour entrer dans une plus grande ouverture.

Enfin, n'oubliez pas de voyager… car voyager c'est s'ouvrir au monde, grandir, revenir à l'essentiel. Voyager « déformate » : on croit tout connaître, on a ses habitudes, son rapport à soi, ses croyances, ses représentations, etc., mais à la rencontre d'une autre culture ou d'un autre milieu, on réinterroge tout ce que l'on a appris. On est obligé de sortir de sa bulle, de lâcher le contrôle, nos façons d'être, et de plonger dans l'aventure, l'ailleurs et l'autrement.

Avec tout ce qu'il peut comporter d'inconfort et de mise à l'épreuve parfois, mais aussi de découverte, de rencontres et d'apprentissage, le voyage est l'activité initiatique *number one* pour accélérer rapidement notre ouverture d'esprit.

Et rappelez-vous : l'ouverture est synonyme d'une plus grande liberté intérieure. En osant ouvrir votre esprit au-delà de ce qui vous a été inculqué ou de ce que vous aviez vous-même conçu, vous **expérimentez votre liberté de penser**, ainsi que **le droit de vivre pleinement VOTRE vie et de choisir l'existence que vous souhaitez avoir.** Vous vous offrez un nouvel espace de possibles.

Hop, dans le grand bain de l'inconnu et en avant l'aventure !

Et si vous jouiez au JRI, journaliste reporter d'images ?

Cette idée m'a été inspirée par mon ami Éric, Breton fraîchement débarqué à Paris pour son nouveau travail. Il ne connaissait absolument pas la ville et désirait aller à sa conquête. Il a imaginé une façon ludique et maligne de découvrir et d'apprendre en même temps !

Munissez-vous d'un petit carnet de voyage, d'un crayon et éventuellement d'un appareil photo. Choisissez un arrondissement, un quartier ou un endroit que vous ne connaissez pas dans votre ville ou votre village, et partez à sa découverte, comme si vous étiez un reporter : ouvrez l'œil, soyez tout ouïe, observez, écoutez, sentez… Apprenez l'histoire du lieu, prenez des photos, des notes ou dessinez ce que vous observez.

Puis, ouvrez-vous aux autres : entrez en contact avec des personnes que vous rencontrez sur place, à la terrasse d'un café ou ailleurs, et posez-leur quelques questions comme : « Que me recommandez-vous de voir ici ? », « Et vous, qu'appréciez-vous particulièrement ici ? », « Qu'est-ce qui fait le charme de ce lieu, selon vous ? ». Comme un bon journaliste, vous pouvez noter les réponses dans votre carnet.

Légendez vos photos, partagez votre expérience sur Instagram ou Facebook si vous avez un compte, en y ajoutant un commentaire sur ce que vous avez appris et aimé.

En développant votre intérêt pour votre environnement et les personnes que vous rencontrerez, vous pourrez découvrir et apprendre en nourrissant votre curiosité, qualité première de l'ouverture d'esprit.

S'ouvrir à l'autre

Cette rencontre avec l'autre va s'articuler principalement autour de 5 verbes d'action :

- regarder et voir ;
- faire le premier pas ;
- comprendre ;

- communiquer ;
- construire des ponts.

À présent, il va vous falloir être prêt à vous décentrer, à vous concentrer sur l'autre et à vous déconnecter de votre « petit moi ». Car, oui, s'ouvrir à l'autre suppose que vous mettiez de côté votre système de pensées et de croyances. L'ouverture d'esprit demande de mettre au vestiaire tout préjugé et toute idée préétablie. Puis de savoir partir d'une feuille blanche et vierge pour rencontrer cette autre reine ou cet autre roi souverain(e) dans son propre royaume. Rencontrer vraiment.

Après avoir été observateur de notre propre laboratoire, nous devenons explorateur de l'univers de l'autre.

> « Si tu diffères de moi mon frère, loin de me léser, tu m'enrichis. »
>
> Antoine de Saint-Exupéry

Regarder et voir

Après avoir pris connaissance du cheminement de nos pensées pour réussir à gagner en ouverture d'esprit, il faut aussi apprendre à regarder et à voir. Mais pas n'importe comment. **À regarder et à voir mieux.** On dit souvent que tout passe par le regard. Le contact visuel est effectivement sans doute l'un des plus intimes et des plus vrais. Le regard peut être fuyant, vide, coupable, glaçant, bienveillant, souriant, mystérieux, etc. Notre vie entière est déterminée par le regard que nous portons sur nous-même, les autres et le monde, et par celui que les autres portent en retour sur nous-même.

Si « voir » signifie « apercevoir, percevoir par les yeux » et peut donc désigner une perception involontaire, « regarder » signifie « voir quelque chose en lui prêtant une attention particulière », en mode observation.

L'idée pour développer notre ouverture d'esprit (et de cœur), c'est en premier lieu d'augmenter notre capacité à nous intéresser aux autres et au monde en étant plus « actif » et présent dans notre regard. Il ne s'agit bien évidemment pas de poser un regard insistant et incommodant, facteur de gêne, mais de regarder vraiment, d'être véritablement présent dans notre regard, de porter un regard qui donne le sentiment d'être vu et considéré, voire aimé, comme dans cette célèbre réplique « *I see you* », « Je te vois » dans le film *Avatar*.

Car on peut voir sans regarder, et regarder sans voir… « Tu me vois, mais tu ne me regardes pas, au fond », « Tu me regardes oui, mais tu ne me vois pas. » Combien de fois avons-nous dit ou entendu ces reproches ? Qu'y a-t-il de plus blessant qu'une absence de regard qui va nous faire sentir « quantité négligeable » ? C'est toute la violence de l'invisibilité sociale, et la question de la reconnaissance. Même nos petits bambins y sont sensibles : dès leurs premières semaines de vie, ils cherchent notre regard comme si c'était vital.

C'est justement en regardant mieux que nous pouvons faire la différence, pour nous et pour les autres.

Personnellement, c'est à travers le travail de certains artistes, comme Alberto Giacometti[67] que j'ai exercé mon œil à mieux voir et mieux regarder. Ce sculpteur et peintre suisse proche des surréalistes s'exerçait à « voir » en dessinant. Dessiner pour réussir à voir justement, et surtout pour capter la présence de l'être.

67. Alberto Giacometti (1901-1966), sculpteur, il est notamment l'auteur de *L'Homme qui marche* (1960).

Il s'agissait pour lui d'apprendre à travailler un autre niveau de regard et de partir le plus possible du regard neuf de l'enfant, c'est-à-dire d'une page vierge de jugements et de représentations.

On aborde ici toute la puissance du regard *vs* les représentations mentales. L'idée est d'essayer de voir en s'extrayant des concepts et des représentations, simplement en concentrant son attention sur les informations visuelles, les contours, les courbes, les angles, les creux, les ombres, les lignes. De travailler le voir comme on travaille sa présence en méditation. Voir avec l'œil de l'esprit… et du cœur.

Ne dit-on d'ailleurs d'une personne qui nous regarde attentivement quand nous lui parlons, qu'elle a « une vraie qualité d'écoute » ? Parce que, oui, on écoute aussi avec les yeux, et on voit avec le cœur.

Souvenons-nous du secret du Renard dans *Le Petit Prince* de Saint-Exupéry : « On ne voit bien qu'avec le cœur. L'essentiel est invisible pour les yeux. »

Apprenez à regarder

Et si, dans vos petits moments de pause, vous preniez l'habitude de regarder, de regarder VRAIMENT ? Un paysage, un objet, une situation, une personne – sans la mettre mal à l'aise, bien sûr. Puis exercez-vous ensuite à décrire ce que vous avez pu observer en l'écrivant sur une feuille de papier ou en le racontant à une personne de votre choix. Cela peut même devenir un jeu sympathique au cours d'un dîner. Prenez le temps de détailler la situation, les couleurs, les combinaisons, les odeurs, les gestes, les sons, etc.

Le temps d'un regard, devenez Balzac, Zola ou Flaubert. Soyez vous aussi un maître du réalisme ! On ne sait jamais où cela pourrait vous mener…

Faire le premier pas

> « Un voyage de mille lieues commence toujours par un premier pas. »
>
> Lao Tseu

Toutes les rencontres, les découvertes, les inventions, les réussites, les changements, les transformations existent, parce que, au départ, il y a eu un premier pas. Le premier pas, c'est le déclencheur, la sortie de la zone de confort, le début de l'action et de la mise en mouvement. Dans une optique de changement, c'est toujours à nous de faire ce premier pas, d'autant plus dans une démarche d'ouverture. Car nous ne pouvons, bien évidemment pas attendre que l'autre le fasse pour nous ou à notre place. Rappelons-nous à chaque instant que chacun est la reine ou le roi de son royaume, avec son propre système, son propre rythme, ses intentions propres… Faire le premier pas relève donc de la responsabilité personnelle de chacun, en fonction de ce qui est possible, envisageable et faisable. À nous parfois de comprendre la difficulté ou l'incapacité de l'autre à le faire. À nous de « penser utile » et de décider d'ouvrir. Pour soi, et donc par effet domino, pour l'autre ou la situation.

Faire le premier pas, c'est dire « oui », aller à la découverte de l'autre, embrasser la curiosité, prendre le risque ne plus se cacher derrière des attentes ou des excuses, ne plus se positionner en victime (« Je ne lui ai rien dit car je suis certain qu'il ne va pas comprendre »).

Faire le premier pas, c'est dégager une énergie positive et créatrice et devenir un designer au même titre qu'un Karl Lagerfeld, un Philippe Starck ou une Coco Chanel, à la petite différence près qu'il s'agit ici de dessiner notre propre vie.

Rien n'est magique, mais faire le premier pas vers l'ouverture nous garantit au moins une chance de réussite. Ne rien entreprendre garantit un fiasco à coup sûr.

Rappelons-nous : nous avons déjà fait des milliers de premiers pas… Et le prochain premier pas, même s'il nous semble compliqué à court terme, peut littéralement changer le cours de notre vie.

Apprenez à faire le premier pas

Faites le premier pas, le premier sourire, le premier geste, dites le premier mot, entamez une conversation avec de nouvelles personnes, demandez-leur comment elles vont même si vous ne les connaissez pas, parlez à un voisin, à un chauffeur de taxi, à une caissière, un serveur, un enseignant, un conducteur de bus…

Dans les pays anglo-saxons, les serveurs sont particulièrement souriants et sympathiques : ils nous accueillent généralement avec un large sourire et un « *Hi! How are you today*[68] ? », qui instaure immédiatement un lien « ouvert » et chaleureux. Inspirez-vous de leur façon d'entrer en contact et faites de votre mieux pour échanger même très brièvement avec des personnes provenant de milieux et d'horizons divers, ou ayant des vécus très différents.

Pendant le déjeuner, vous pouvez par exemple vous assoir à côté d'un collègue de travail que vous ne connaissez pas vraiment, ou engager un échange avec votre voisin dans le bus, le train ou l'avion, au café du coin, à la poste… Laissez la conversation se développer naturellement, écoutez, souriez, essayez de lui donner de l'espace pour qu'il puisse s'exprimer tranquillement, en confiance. Accueillez, recevez, apprenez.

Le recueil et le partage des différentes expériences de vie, des différents vécus, des parcours, et des différents points de vue vous aideront à voir les choses sous un angle nouveau et viendront vous enrichir.

Comprendre

« La compréhension n'est rien d'autre que la compassion, et la compassion n'est rien d'autre que la compréhension. »

Sabchu Rinpoché

68. Traduction : « Bonjour ! Comment allez-vous aujourd'hui ? »

Encore une fois, à la source de tout se trouve le cœur. Qu'il prenne le visage et l'expression de la compassion, de l'empathie ou de l'amour, le secret du Renard du *Petit Prince* se démultiplie à l'infini : on ne comprend bien qu'avec le cœur.

Pour comprendre, il ne s'agit pas d'apprendre ou de connaître toute une batterie de clés de communication, même si celles-ci peuvent s'avérer très utiles – telles les 10 règles d'or pour bien s'entendre, les 7 clés pour transformer la communication dans le couple ou dans les rapports professionnels, les 4 erreurs à éviter ou les 8 piliers d'un dialogue optimal –, mais d'une autre forme de compréhension.

Cette compréhension (ou connaissance) qui est à la racine de toutes les autres est à la fois plus simple et plus profonde. Elle est faite de « trucs » dont il convient de se débarrasser, pas de « trucs » supplémentaires à étudier. Tous les outils et techniques du monde seront forcément insuffisants tant que nous n'irons pas à la « racine du mal » et que nous ne prendrons pas conscience du *bug* initial qui se niche dans le logiciel de notre petit moi : notre *super-égo-number-one*, avec ses mécanismes de protection, de projection, de représentations et d'évaluation qui filtrent tout ce que nous vivons.

Ainsi, pour nous ouvrir à cette compréhension-là, il ne s'agit pas d'aller bien loin ni de pointer notre index vers l'autre, mais de le poser sur notre poitrine et de nous brancher sur le décodeur le plus empathique qui se cache au fond de nous : notre cœur.

Comprendre, c'est aller au-delà de soi. C'est travailler sa capacité à voir avec le cœur, au-delà de la vision limitée de son propre égo qui ne voit l'autre qu'à travers ses aspects superficiels. C'est décoder l'autre au-delà des apparences, et c'est faire l'effort d'aller au-delà de tout ce qui peut faire écran, nos émotions, nos représentations…

C'est en premier lieu avoir fait un chemin de connaissance de soi, ne pas se sentir différent de l'autre et avoir compris ses propres imperfections et ses propres insuffisances. Cette compréhension est comme une paire de lunettes à infrarouge qui nous aiderait à distinguer les fonctionnements obscurs et inconscients de l'égo en action et la vérité profonde de l'être, pour pouvoir lui ouvrir les bras… Compréhension et amour étant intimement liés.

Et le meilleur moyen pour y arriver est de **se mettre à la place de l'autre**.

Se mettre à la place de l'autre est une **capacité innée de l'être humain**, qui nous permet de voir avec son regard ou de se glisser dans sa peau. C'est une compétence qu'il est possible de développer grâce à une bonne écoute et une vraie envie de rencontrer l'autre pour ce qu'il est, pas pour ce que nous voulons qu'il soit pour nous. Lorsque nous l'écoutons « vraiment », nous le faisons à cœur ouvert, avec l'objectif de mieux le comprendre. Ainsi, nous sommes en mesure d'être en lien avec nos dimensions les plus profondes et les plus authentiques.

> « L'un des secrets du succès, c'est la faculté de se mettre à la place de l'autre et de considérer les choses de son point de vue autant que du nôtre. »
>
> Henri Ford

On revient toujours à la même source : l'empathie – encore et toujours elle –, cette capacité à « ressentir l'autre de l'intérieur ». Qu'elle soit affective ou cognitive, elle est au cœur de ce que nous sommes.

Il faudrait toujours s'en rappeler et prendre appui sur elle dans tout ce que nous allons entreprendre pour nous ouvrir. En faire une nouvelle posture intérieure, structurelle et non conjoncturelle ou soumise aux humeurs et aux circonstances.

Puis évoluer avec elle pour bâtir un nouveau rapport aux autres et à la vie, en confiance.

> **NOS CROYANCES**
>
> Pour augmenter notre ouverture d'esprit et notre capacité de compréhension de l'autre, nous devons explorer nos propres croyances, ces convictions fortes que nous considérons généralement comme des vérités absolues. Elles constituent un GPS puissant, au même titre que nos valeurs. C'est en fonction d'elles que nous faisons des choix de vie, plus ou moins conscients. Elles sont tellement ancrées en nous qu'il est difficile de les débusquer et de les déloger sans remettre en question son rapport à soi et son identité.
>
> De nombreux conflits naissent simplement de nos croyances. Par exemple : lors d'un rendez-vous, une des deux personnes arrive en retard après avoir prévenu l'autre, qui explose quand même de colère à son arrivée. Bingo : une croyance a certainement été touchée, comme celle par exemple qui estime qu'être en retard est un manque de respect.
>
> Que faire dans ce cas ? Accueillir la situation pour la comprendre et être en mesure de la résoudre. Installer une écoute active sur ce qui est important et fondamental pour l'autre, identifier les croyances qui guident notre interlocuteur, faire preuve de compréhension et rouvrir la situation. Nous n'y arriverons peut-être pas, car l'autre pourra être trop fermé, mais au passage, nous aurons gagné en maîtrise émotionnelle, en clarté et en ouverture.

Gardons toujours à l'esprit que nous sommes tous des « apprentis » de la vie, imparfaits, limités, vulnérables et en *WIP – work in progress* –, c'est-à-dire « en cours de réalisation ». Cette idée d'imperfection est un puissant antidote contre les jugements et les attentes que nous pouvons projeter sur l'autre. Nous sommes tous faillibles dans nos meilleures intentions. Alors abaissons la barre des demandes et prenons-nous, nous-même, en charge autrement. L'autre est comme nous : il fait ce qu'il peut à l'instant T.

C'est la conscience de notre vulnérabilité et de notre propre fragilité qui nous ouvre le chemin vers l'autre. Exerçons-nous à la compassion avec le cœur tendre.

Communiquer

« Communiquer », du latin *communicare* (dérivé de *communis*, « commun »), signifie « mettre en commun », « faire part de » et « partager ».

La communication est essentielle pour une bonne compréhension mutuelle. Sans elle, impossible d'échanger et de dissiper les malentendus.

En effet, comment espérer entretenir des relations harmonieuses, authentiques et enrichissantes sans améliorer votre communication ? C'est impossible, à moins d'être tombé petit dans la marmite des talents exceptionnels ! Parce que, comme la rencontre de deux personnes, c'est avant tout la rencontre de deux égos foncièrement vulnérables et en demande de validation et de contrôle… il y a forcément de groooos efforts à fournir pour éviter certaines lacunes dans la communication qui nuisent au respect de chacun et empêchent l'entente bienveillante qui forme le ciment des relations !

Je ne vais pas pouvoir donner en détail tout un catalogue de bonnes pratiques de communication ; ce n'est, d'ailleurs, pas le cœur de ce livre. En revanche, je vais partager quelques postures qui m'ont aidée à nourrir un plus joli lien avec mes semblables.

Grâce à une cohabitation plus consciente et bienveillante établie avec votre *monkey mind*, l'idée pour mieux communiquer sera tout simplement de porter plus d'attention à la façon dont vous recevez l'autre et dont vous vous adressez à lui en général. D'être globalement plus conscient de vos manières de parler avec les autres, de la façon dont vous vous exprimez, de votre ton, de vos propos, pour voir ce qui fonctionne et ce qui ne fonctionne pas, afin d'éviter de mettre votre interlocuteur en situation d'inconfort – ce qui aurait pour effet de le fermer aussitôt – et d'éviter tout ce qui peut blesser mutuellement : déstabilisation, agressivité, tensions, malentendus…

Faites-vous parfois l'erreur de penser que les autres sont télépathes? Laissez-vous le soin à votre interlocuteur de tout décoder, de répondre à vos besoins et de deviner vos intentions sans que vous ayez à les exprimer clairement?

Ne pas exprimer suffisamment et au fur et à mesure ce que vous ressentez de difficile, vos contrariétés, vos blessures, vos vexations, et laisser s'accumuler ces émotions négatives ne peut que, petit à petit, vous conduire à un retrait froid et distant ou à une explosion forcément maladroite et violente, préjudiciables pour l'un comme pour l'autre !

Sachez perdre pour mieux gagner…

Soyons francs : dans nos relations, nous voulons toujours gagner, et surtout ne pas perdre. Question d'égo ! Depuis tout petits, nous sommes conditionnés à ce jeu de gain et de perte, et ce, dans tous les domaines : un échange amoureux, une dispute, un job, une relation amicale, commerciale… Dans une querelle de couple, une dispute entre parents et enfants, une tension entre collègues, tout le monde veut gagner. Surtout avoir raison et ne pas perdre la face.

Cependant, dans l'effort pour gagner, l'attention bienveillante envers l'autre est souvent piétinée et négligée. Ce qui, au fond, sans forcément nous en rendre compte, nous impacte directement. Car ce que nous réussissons à « gagner » en réalité, n'est que souffrance, pour soi et pour l'autre : blessures, frustrations, vexations, humiliations…

En réalité, il faudrait savoir perdre pour pouvoir gagner…

« Quelle valeur a alors le fait de gagner si cela détruit le cœur ? Souvent, les cœurs ne sont pas détruits par les machines ou les bombes, mais par les actes insignifiants qui sont une manifestation du jeu de gagner. Si vous voulez réussir une relation, alors soyez intelligents pour protéger la chose qui a le plus de valeur : le cœur. Vous laissez donc volontiers l'autre gagner, parce que le cœur est plus important. Vous ne vous laissez pas inutilement prendre au jeu. Il ne s'agit pas d'un manque de courage, d'une inaptitude à gagner, mais d'une décision délibérée de votre part : vous voulez "perdre" parce que gagner aura pour conséquence de détruire votre propre cœur et celui de votre interlocuteur[69] ».

La manière de nous comporter envers l'autre agit sur nous-même, tel un effet boomerang. D'où la très célèbre et universelle **règle d'or** : « Traite les autres comme tu voudrais être traité », ou « Ne fais pas aux autres ce que tu ne voudrais pas qu'on te fasse ». Cette forme de morale universelle est une éthique de réciprocité dont le principe fondamental est énoncé dans presque toutes les grandes religions et cultures.

Personnellement, j'applique énormément cette posture de « perte » pour réussir à sortir d'une tension ou d'un conflit. Dans un échange difficile et tendu, j'imagine même déposer des armes imaginaires devant la personne, ce qui me permet de me placer directement dans une position d'humilité, d'écoute et d'accueil, et ainsi de réussir à garder l'ouverture d'esprit nécessaire pour sortir des difficultés et trouver une issue favorable et fructueuse pour chacun.

En fait, en sachant « perdre », nous gagnons en prenant de la hauteur sur les conflits et gagnons en liberté intérieure. N'oublions pas que ce n'est que notre égo qui « perd », pas notre « bonhomme lumineux » qui, lui, s'en sort toujours grandi ! Parce que, concrètement, à force de savoir lâcher prise en quelque sorte,

---

69. Extrait d'un entretien avec le Ve Sabchu Rinpoché, *in* Isalou Regen & Sabchu Rinpoché, *Je voulais te dire I love you*, Rabsel Éditions, 2018.

les conflits n'existent plus vraiment. Ou plutôt le ressenti de conflit n'a plus aucune résonance. Car celui-ci n'existe que si nous nous plaçons nous-même dedans. Mais si nous déplaçons le cadre de notre position hors conflit et jouons avec d'autres règles de jeu, tout change. Il est alors possible de « perdre » joyeusement puisque, en réalité, nous gagnons en harmonie et en liberté intérieure !

« Je ne perds jamais. Soit je gagne, soit j'apprends. »

Nelson Mandela

Construire des ponts

Entrer en lien et en relation avec les autres implique toujours des divergences d'intérêts, des différences de points de vue et de manières de les interpréter. Pour réussir à nous ouvrir à ce qui est en train de se jouer en nous, en l'autre, à ce qu'il est, à ce qu'il pense et à ce qu'il désire, nous devons construire des « ponts » entre lui et nous !

Bien sûr, il s'agit de ponts imaginaires destinés à rendre notre communication la plus efficace et la plus harmonieuse possible, en ayant toujours en tête de prendre soin de la relation en priorité. En effet, évitons de piétiner par simple orgueil nos petits cœurs fragiles, pour nous retrouver, comme Pyrrhus, victorieux, mais destructeur et seul.

« Les hommes construisent trop de murs et pas assez de ponts. »

Isaac Newton

Il existe 3 clés super utiles pour construire des ponts : le compromis, l'écoute active et la communication non-violente…

Le compromis

C'est un arrangement positif, une coopération fructueuse faite avec respect et prenant en compte les deux parties. Les deux « je » sont également considérés, ce qui permet au « nous » de s'accorder. « Je ne suis pas d'accord avec toi, mais j'écoute ton idée parce que je te respecte. » Le compromis résout le désaccord sans qu'aucune des deux personnes n'ait l'impression de ne pas avoir été écoutée ou considérée.

Il se situe à l'opposé des ressentis du type « Il n'y a que ton point de vue qui compte... », « Tu n'accordes aucune importance à ce que je dis ou à ce que je pense... », « On fait toujours comme tu veux, toi ». Le compromis se distingue de la concession, qui est un arrangement négatif consistant en la résignation d'une des parties, qui abandonne ses préférences ou ses points de vue, mettant ainsi de côté une partie de son être.

Voici les caractéristiques d'un bon compromis :

- Prendre le temps d'échanger, avec la volonté de bien se comprendre.

- Écouter et prendre en compte le point de vue de l'autre avec respect.

- S'intéresser vraiment à l'autre, pour comprendre sa position, faire chacun cet effort.

- Chercher, sonder, détecter ce qui est important pour l'autre.

- Proposer une solution en accord avec les priorités et les valeurs de chacun.

L'écoute active

Développée à partir des travaux du psychologue américain Carl Rogers, l'écoute active consiste à écouter l'autre attentivement et de façon bienveillante. Plus facile à dire qu'à faire ? En fait, pas vraiment. Encore une fois, à partir du moment où l'on se place dans notre dimension « petit bonhomme lumineux », il s'agit juste d'écouter en mettant à distance notre égo. On cherche à comprendre son interlocuteur, on focalise toute son attention sur lui, on fait l'effort de capter le sens de son propos, on se refrène pour ne pas répondre trop rapidement, et on reste patient. En adoptant une attitude non directive, on lui laisse de l'espace et du champ, on instaure un lien de confiance, de respect et d'empathie afin qu'il s'exprime en toute liberté, sans pression et sans crainte de jugement. On reste zen et ouvert.

L'écoute active met en œuvre un outil précieux : la reformulation. Elle consiste à répéter avec nos propres mots ce que nous avons entendu de ce que notre interlocuteur a exprimé. C'est donc faire le test de sa propre compréhension en *direct live* avec l'autre. Cela permet de vérifier et de valider que ce que nous avons entendu est juste. Il peut s'agir d'idées, de faits, d'émotions ou de sentiments. Ainsi nous endossons un rôle dynamique, ce pourquoi cette écoute est dite active. Et puis parfois, bingo : en reformulant, des effets loupes et des déclics nous permettent de regarder la situation sous un autre angle. Et hop, en avant l'ouverture !

La communication non violente

> « La non-violence est mon premier article de foi. C'est aussi le dernier article de mon credo. »
>
> Gandhi

S'inspirant de la pensée et de la pratique de non-violence de Gandhi, Marshall B. Rosenberg a créé un processus de communication appelé « communication non violente » ou CNV. Il est parti de l'observation de la capacité d'empathie dont faisait preuve le grand homme envers tout un chacun, qui a permis l'instauration de relations positives et fructueuses fondées sur une coopération harmonieuse, le respect de soi et des autres.

La CNV est donc une façon de penser et de parler qui vise à mettre de la compréhension et du respect mutuel dans les échanges. Bienveillance envers soi et envers l'autre car chaque personne se considère à égalité avec son interlocuteur et chérit l'idée que l'on ne gagne pas seul ou au détriment de qui que ce soit. Elle aide à transformer l'énergie « contre » en énergie « pour », d'où l'importance de la coopération et de l'empathie.

Et comme toujours, pour transformer le plomb en or, on commence par faire le premier pas et par travailler sur soi ! Si la CNV est ultra recommandée pour la résolution des conflits, elle propose par là même d'apprendre le nouvel alphabet d'une communication débarrassée de toute violence, à commencer envers soi-même.

Le cœur du système ? La reconnaissance de nos besoins. Marshall B. Rosenberg écrit d'ailleurs à ce sujet : « La violence est l'expression tragique de besoins non satisfaits. C'est la manifestation de l'impuissance et/ou du désespoir de quelqu'un qui est si démuni qu'il pense que ses mots ne suffisent plus pour se faire entendre. Alors il attaque, il crie, il agresse […]. Tout ce que l'on fait, c'est pour aller à la rencontre de nos besoins. »

Besoins vitaux, besoins de sécurité, de reconnaissance, d'appartenance, d'épanouissement… La reconnaissance de nos besoins respectifs est essentielle pour réussir à bien se comprendre mutuellement et ne pas se juger. Car si les idées et les points de vue peuvent se discuter longuement, les besoins, semblables pour chaque être humain, doivent être respectés de manière inconditionnelle.

La technique de la CNV repose sur quatre principes fondamentaux :

- **Observation** : chacun observe la situation en mettant de côté le jugement sur l'autre.

- **Émotions** : chacun apprend à exprimer son propre ressenti.

- **Besoins** : chacun apprend à exprimer ses besoins.

- **Demande** : chacun apprend à formuler clairement ce qu'il attend de l'autre.

La CNV pas à pas

Observation : Commencez par dire à la personne ce qu'elle a fait de la manière la plus neutre possible, sans ajouter la moindre allusion ou évaluation négative : « Hier, tu as oublié notre rendez-vous de 18 h. »

Émotions : Exprimez simplement ce que vous ressentez : « Cela m'a beaucoup peiné. »

Besoins : Dites quels besoins ne sont pas satisfaits chez vous : « J'ai besoin de pouvoir compter sur toi. J'ai besoin de confiance et de fiabilité. »

Demande : Formulez une demande claire et positive : « La prochaine fois, serais-tu d'accord pour m'expliquer ce qui s'est passé pour toi, avant que je vienne vers toi pour te le demander ? »

Selon Marshall B. Rosenberg, notre but d'humain est de nous relier « à l'énergie divine qui est en chacun de nous ». Notre plus belle dimension en quelque sorte.

Pour cela, il faut encore et toujours prendre une plus grande distance avec cet égo qui veut prendre toute la place et ne rien lâcher pour exister. Invitons-le avec tendresse à passer à l'arrière-plan, et offrons une plus grande place à l'autre pour créer ensemble une relation de qualité.

Usons et abusons pour cela de **LA** clé magique qui ouvre tout : **l'empathie** !

Puis, **confiance, respect, partage, collaboration, entraide…**

S'ouvrir à la vie

> « Les expériences créatives peuvent être produites régulièrement, systématiquement, presque chaque jour dans la vie. Cela exige une énorme sécurité personnelle, de l'ouverture et un esprit d'aventure. »
>
> Stephen Covey

Le fait de s'ouvrir à la vie fait le lien avec l'ouverture de cœur, étant bien entendu que, pour être heureux, vraiment et pleinement, il faut que cœur et esprit ne fassent plus qu'un.

S'ouvrir à la vie, c'est savoir **se connecter à ce qui la constitue**, dans toutes ses dimensions, ses facettes, ses composants, ses lois, le mouvement, l'énergie, l'empathie…

S'ouvrir à la vie, c'est à la fois **la voir telle qu'elle est**, avec ses hauts et ses bas, ses faces sombres et lumineuses, comiques et tragiques, heureuses et malheureuses… et l'aimer quand même ! L'aimer en apprenant à danser sur son impermanence et son alternance, prendre soin et honorer le vivant avant tout. C'est oser sortir de sa zone de confort, s'intéresser, découvrir, apprendre et faire la chasse aux certitudes et aux quant-à-soi avec discernement, confiance, bienveillance et compassion.

S'ouvrir à la vie, c'est aussi **augmenter son niveau de conscience**, savoir prendre en compte les trois cercles de notre écosystème :

nous, les autres et la nature. C'est s'installer dans des comportements éthiques et écologiques, qui tiennent compte de notre bien-être personnel bien évidemment, mais aussi et surtout du bien-être collectif.

Nous ne sommes pas simplement plongés dans la vie ou dans la nature, nous sommes la vie et la nature.

Connectez-vous à la nature

Pour ouvrir votre esprit et votre cœur, passez du temps au contact de la nature. Respirez, humez, observez, regardez, photographiez… La nature est un petit chaos parfaitement bien organisé, riche et abondant. Nuances de verts, de marrons, de couleurs plus ou moins vives en fonction des saisons… La nature est un spectacle qui éveille nos sens en permanence. De plus, par son abondance et sa beauté, elle donne tellement d'informations et de sensations que notre mental, incapable de tout capter dans son ensemble, est obligé de lâcher prise ! Hop, l'esprit et le cœur passent en mode vacances.

Alors, prenez soin, plantez, jardinez, découvrez… Marchez lentement à travers champs et forêts, si possible pieds nus au contact de la terre. Se reconnecter à l'énergie de la terre est un excellent moyen de décharger votre corps de l'énergie négative due au stress, à la fatigue, et de le recharger en énergie bénéfique[70]. Alors enlevez vos chaussures, et hop, pratiquez le *earthing* !

Et n'oubliez pas de regarder le ciel… car rien n'est plus bénéfique que la lumière du ciel et du soleil pour vous ouvrir le cœur, calmer votre mental, vous éveiller et vous reconnecter au grand tout.

Nous ne sommes pas seuls, séparés du reste du monde, et nous n'existons pas sans les nombreux liens tissés de toutes parts depuis notre naissance. Nous n'entreprenons jamais rien complètement seul, même si notre vanité nous le laisse croire. Tout ce qui existe fonctionne en interdépendance. S'ouvrir à la

70. Gil Amsallem, kinésithérapeute et auteur du livre *Marcher pieds nus, la réflexologie naturelle*, Hachette, 2019.

vie, c'est aussi prendre de plus en plus conscience du rôle que nous pouvons jouer, nous aussi, dans ce monde, en devenant acteur et responsable à 100 % de ce que nous faisons et/ou de ce que nous laissons faire.

LA LÉGENDE AMÉRINDIENNE DU PETIT COLIBRI

Un jour, il y eut un immense incendie de forêt. Tous les animaux terrifiés observaient impuissants le désastre. Seul un petit colibri s'activait et faisait sans arrêt des allers-retours de la rivière au brasier pour jeter à chaque fois sur les flammes quelques gouttes d'eau transportées précieusement dans son bec. Après un moment, un tatou, agacé par cette agitation qu'il jugeait dérisoire, lui dit : « Colibri ! Tu es fou ou quoi, tu ne t'imagines quand même pas que tu vas réussir à éteindre le feu avec ces petites gouttes d'eau ! » Et le colibri lui répondit : « Je n'imagine rien, je fais ma part. »

L'heure du bilan[71]...

Prenez une feuille de papier et faites un petit bilan de la relation que vous entretenez avec votre écosystème, prenant en compte vous, les autres et la nature.

Écrivez 3 qualités dont vous faites preuve vis-à-vis de vous-même, 3 qualités dont vous faites preuve vis-à-vis des autres et 3 qualités dont vous faites preuve vis-à-vis de la nature.

Par exemple : « Je suis dynamique », « Je sais être rigoureux », « Être plus à l'écoute des autres me tient à cœur », « Je ne jette jamais rien par terre », « Je ramasse les sacs plastique laissés sur la plage ».

Puis, faites l'exercice inverse : nommez les comportements négatifs que vous avez vis-à-vis de vous-même, des autres et de la nature. Par exemple : « Je ne fais pas assez d'exercice physique », « Je n'ai pas de patience envers l'autre », « Je ne trie pas suffisamment sérieusement mes déchets... », « J'achète de l'eau en bouteille plastique ».

71. Inspiré de : Pierre Rabhi & Anne Van Stappen, *Petit cahier d'exercice de tendresse pour la Terre et l'Humain*, Éditions Jouvence, 2017.

S'ouvrir à la vie, c'est se replacer humblement dans le cœur de notre humanité et de son mouvement, savoir prendre soin d'elle et la protéger. Changez vos comportements, engagez-vous plus… Il suffit de petits gestes qui, à force, peuvent faire une grosse différence ! « Le bonheur n'est pas une destination à atteindre, mais une façon de voyager… », écrivait Margaret Lee Reunbeck.

Ouvrez-vous à la vie ! Ouvrez-vous à tout ce qui est, à tout ce qui vient, à tout ce que vous considérez comme bien, mal, positif, négatif…

C'est l'unique possibilité que vous ayez pour traverser la vie et opérer des transformations. Sans oublier de profiter pleinement de ce voyage, dont vous ne pourrez que ressortir grandi et enrichi.

Deuxième rendez-vous : ouvrez PLUS GRAND votre cœur

#openyourheart

Si, pour l'ouverture d'esprit, nous avons travaillé principalement avec nos pensées, pour l'ouverture de cœur, nous allons travailler avec nos émotions, c'est-à-dire notre cœur.

Et si vous disiez un petit bonjour à votre cœur pour commencer ?

Prenez quelques secondes pour vous connecter aux battements de votre cœur. Pour cela, posez votre main sur le côté gauche de votre poitrine ou prenez votre pouls sur votre poignet. Boum, boum, boum boum… C'est grâce à lui que la vie circule en vous. Prenez deux ou trois respirations profondes en conscience, pour ressentir son mouvement naturel au moment de l'inspiration et de l'expiration. Restez avec lui aussi longtemps que vous le voulez.

Merci mon cœur.

Ouvrir son cœur, c'est… se donner accès à ses multiples richesses : celles de l'Amour avec un grand A, et de la joie, océan infini de vie et d'énergie. Cet amour-là, illimité, est la source première de toutes les autres expressions de l'amour qui en découlent – l'amour romantique, l'amour maternel, amical, de la nature, des autres, de l'art… – qui ont toutes le pouvoir de faire vibrer le plus profond de notre cœur, en touchant à l'intérieur un trésor immense et inaltérable…

Le Graal : l'amour XXL et la joie

L'amour XXL, appelé amour universel, amour divin, grande compassion, tendresse fondamentale, etc., est celui qui inclut l'amour sous toutes ses expressions. Il met dans notre cœur le monde entier, sans distinction. Cette dimension supérieure d'amour inaltérable, inviolable, dépasse notre petit égo et nous ouvre à la fois sur l'infini et sur nous-même en ce que nous avons de plus profond et de plus noble. Cet amour-là, c'est l'océan, le ciel, l'immensité. Il dépasse l'illusion de notre mental et nous relie à une dimension supérieure de nous-même. Quand on est dans cette forme d'amour, la joie survient, car l'amour et la joie sont intimement liés.

> « L'amour, c'est la joie qui est à l'origine de toute création. »
>
> Rabindranàth Tagore[72]

L'ouverture du cœur consiste à embrasser tout ce qui n'est pas perçu ordinairement comme étant soi, c'est-à-dire les autres, la nature, les animaux, les végétaux, la vie, etc. À les respecter et à considérer comme une évidence qu'ils ne sont pas séparés de nous. Qu'en fait, ils sont nous, c'est-à-dire vous, cher lecteur, chère lectrice, qui êtes en train de lire ces lignes. Parce que vous n'êtes pas une petite goutte d'eau dans l'océan, vous êtes l'océan. Certes, la goutte d'eau peut se sentir momentanément séparée lorsqu'elle tombe du nuage. Mais lorsqu'elle arrive dans l'océan, elle se fond en un tout plus grand qu'elle. Elle est océan.

Au final, l'ouverture du cœur conduit à une compréhension de la vie bien plus profonde, fondée sur l'amour et non plus sur la peur – la peur venant essentiellement de nos anciennes programmations et de notre égo.

---

72. Rabindranàth Thakur, dit Tagore (1861-1941), compositeur, écrivain, dramaturge, peintre et philosophe indien, prix Nobel de littérature.

L'amour étant la source première en chacun de nous, plus l'ouverture de cœur s'agrandit, plus la peur rétrécit. Seule la peur nous ferme le cœur et nous sépare de la source première en influençant l'ensemble de nos perceptions et, par conséquent, en modélisant nos choix relationnels et comportementaux.

L'EXPÉRIENCE DU REQUIN

Imaginons que vous plongiez en pleine mer et que vous vous trouviez nez à nez avec un requin, façon *Dents de la mer*. Auriez-vous peur ? J'imagine que votre réponse est : « Oui, évidemment ! » À cause du requin, bien sûr, parce que s'il n'était pas là, il n'y aurait aucune raison particulière d'avoir peur.

Maintenant, imaginons que vous plongiez en pleine mer, mais à l'intérieur d'une solide cage antirequin en acier. Le requin est toujours là, face à vous, toujours aussi impressionnant et affamé. Mais entre lui et vous, il y a désormais des barreaux qui vous protègent.

Auriez-vous peur cette fois ? Vraisemblablement beaucoup moins. Pourtant le requin est pareillement présent. Mais comme les barreaux de la cage vous séparent, vous pouvez faire face à l'animal aux grandes dents plus gaillardement. Ce qui montre que, en réalité, l'objet de la peur n'est pas forcément le requin lui-même, mais la peur que vous pouvez avoir de ne pas savoir comment lui faire face.

C'est la même chose dans le contexte des relations humaines. L'objet réel de notre peur n'est pas l'autre en soi, ou le groupe, ou la tâche, ou le projet... mais bien notre crainte de ne pas savoir comment leur faire face.

Il en faut, du courage...

Que va-t-il se passer si j'ouvre mon cœur en plus grand ? Vais-je pouvoir faire face à l'inconstance de l'autre, au désamour, aux complications ? Voilà pourquoi s'ouvrir est si difficile : en nous ouvrant, nous avons l'impression de prendre un risque auquel nous ne saurons pas forcément faire face. Bien sûr, il est normal que cela nous fasse peur au début, car s'ouvrir à ses émotions, à son authenticité, à sa vérité et à sa vulnérabilité nous place dans un état de déséquilibre... Mais le monde entier est déséquilibre ! Tout est instable par nature ! Construire des murailles autour de son cœur n'est pas la meilleure façon de se protéger et de ne pas avoir mal, car on s'enferme tout seul dans son petit mètre carré. Un cœur fermé ne laisse pas de place à l'autre, à la rencontre, à l'émerveillement, à la confiance. Et cela nous prive d'une vie remplie d'échanges heureux et fructueux.

Nous sommes responsables de notre état intérieur. Comme la fermeture de notre cœur vient de nous et de nous seul, c'est à nous de l'ouvrir à nouveau en faisant preuve d'un peu de courage.

> « Quel est le vrai héros ? Celui qui a le plus de courage contre soi-même. »
>
> Proverbe chinois

Sans doute, ouvrir son cœur est l'acte le plus courageux que nous ayons à vivre. Rappelez-vous, c'est d'ailleurs pourquoi le mot « courage » tire son origine de « cœur ». Le vrai courage n'est-il pas d'être capable d'ouvrir son cœur quitte à être chamboulé ? Le vrai courage n'est-il pas d'accepter d'être vulnérable, de n'être pas grand-chose, tout en abandonnant les armes, et d'aimer quand même, sans contrôler quoi que ce soit ?

J'imagine que vous connaissez dans votre entourage des personnes ouvertes de cœur, qui ont ce charme naturel de la simplicité, de l'humilité et de la bienveillance. Quelque part, elles n'ont plus rien à prouver. Généralement, elles ont eu une vie difficile, voire douloureuse. Ou bien elles ont réussi à sauter dans le grand bain en s'affranchissant de certaines peurs formatées par leur éducation ; elles ont réussi à sortir du cadre, à oser faire ce qu'elles aimaient le plus dans la vie et à ouvrir leur cœur à une nouvelle sensibilité. À la vie. À leur vie.

La clé, c'est l'atteinte d'un lâcher-prise et d'un niveau de conscience plus élevé suite à la mise à mal de l'égo dynamité par une souffrance, ou reformaté par un dépassement. Oui, les échecs, les accidents de vie, les déceptions, la solitude, la souffrance nous contraignent au changement, à l'humilité et à la tendresse. Notre petit cœur a parfois besoin de tomber de très haut et de se briser en mille morceaux pour se reconstruire autrement, plus en douceur, et s'ouvrir avec plus de sagesse encore.

> « L'amour ne meurt jamais de mort naturelle. Il meurt parce que nous ne savons pas revenir à sa source. »
>
> Anaïs Nin[73]

Bien évidemment, personne ne souhaite souffrir pour ouvrir son cœur. Heureusement, il existe d'autres expériences moins douloureuses pour apprendre. L'ouverture de cœur est un entraînement quotidien, que nous sommes tous capables de suivre !

Vos émotions sont la clé !

Savez-vous que le mot « émotion » signifie « action de mouvoir, mouvement » ? Il s'agit d'un mouvement qui sort (« e » = « hors de », « vers l'extérieur », et « motion » = « mouvement »).

Une émotion est une réaction physiologique face à une stimulation, une réaction qui « sort » d'un coup et dure quelques minutes. Nos émotions sont comme un **kit de survie** à notre service. Depuis l'apparition des premiers hommes, elles ont joué un rôle important dans notre évolution et notre adaptation : elles ont servi de signaux face aux dangers potentiels. Leur fonction biologique est de produire le carburant nécessaire à l'action appropriée dans une situation donnée. Nos émotions ont donc le pouvoir de nous mettre en mouvement.

73. Anaïs Nin, *Les Chambres du cœur* (1950), Stock, 2003.

Chaque émotion se décompose en trois temps :

- **Une charge émotionnelle** > libération d'hormones (« ça » fabrique du carburant).

- **Une tension** > mobilisation énergétique = fuir ou agir (« ça » me permet de réagir).

- **Une décharge** > expression de l'énergie (« ça » sort).

Puis, il y a un retour à l'équilibre.

On considère généralement qu'il existe six émotions « primaires », dont d'autres découlent ensuite : la peur, la colère, la tristesse, le dégoût, la joie, l'amour.

Certaines sont agréables et positives et nous donnent des ailes (l'amour, la joie, l'enthousiasme, l'optimisme, la sérénité, la confiance, l'admiration...), et d'autres, au contraire, sont désagréables, nous plombent, nous freinent et nous limitent (l'ennui, la contrariété, la tristesse, le chagrin, le dégoût...). Tout n'est pas aussi binaire bien sûr, parce que la peur et la colère, par exemple, peuvent aussi être de véritables boosters dans certaines situations. Et nous devons aussi faire une distinction entre une émotion et un cocktail d'émotions, comme l'angoisse par exemple, qui n'est pas une émotion en soi, mais un mélange de peur, de colère et de tristesse.

Ce qui est incroyable, c'est que notre vie entière se développe en fonction des émotions que nous ressentons. **Alors, autant essayer de les « travailler » pour nous construire une existence plus en accord avec ce que nous souhaitons pour nous.**

Rappelez-vous également que les émotions sont issues de nos pensées (ce pourquoi, précisément nous avons commencé ce troisième chapitre par les pensées). Donc faisons vraiment attention à la manière dont nous pensons pour nous ouvrir plus encore au bonheur, à l'amour, à la joie, à la vie !

LA DIFFÉRENCE ENTRE ÉMOTION ET SENTIMENT

Le sentiment est une construction qui s'élabore sur la base de nos émotions. Si nos émotions sont une réaction biologique qui nous donne de l'énergie pendant quelques instants pour nous mettre en mouvement, les sentiments, quant à eux, persistent de manière beaucoup plus durable dans notre mental. C'est-à-dire dans nos pensées.

Montez à l'échelle…

L'échelle des émotions[74] est un outil super utile pour nous guider dans l'ouverture et l'élévation de notre petit cœur. Elle nous permet de nous situer dans un état émotionnel à un instant T et de réussir à l'améliorer vers davantage de positivité.

Imaginez une échelle graduée. Tout en bas se trouve la peur, tandis que tout en haut se placent l'amour et la joie. En partant du bas de l'échelle, nous gravissons successivement, échelon après échelon : la honte, la culpabilité, la rancœur, la haine, la colère, le bla-bla critique, l'inquiétude, l'agacement. Puis, petit à petit, nous cheminons vers : l'acceptation, l'espoir, la fierté, le courage, l'enthousiasme, la passion, la gratitude, la paix, la liberté, l'amour et la joie enfin ! Toutes ces émotions ont des fréquences d'énergie différentes. Ainsi, les émotions les plus positives ont une vibration ou énergie haute, et les plus négatives, une vibration basse.

Imaginons que nous soyons au milieu de cette échelle, par exemple parvenu au grade de l'acceptation et du contentement ;

74. Jerry et Esther Hicks, *Le Fabuleux Pouvoir des émotions : Laissez-vous guider par vos émotions*, Guy Trédaniel Éditeur, 2009.

tout ce que nous allons ressentir va alors se vivre dans l'ouverture des émotions vibratoirement positives. Nous allons donc nous sentir bien.

Si, à l'inverse, nous revenons à un niveau zéro d'acceptation, nous allons vivre ce qui nous arrive avec agacement, colère, rancœur, culpabilité, critique acerbe, etc. Ce qui fera baisser notre niveau vibratoire et nous fera entrer dans un inconfort, un mal être, la procrastination, la fermeture, etc. De fait, nous serons moins heureux et, dès lors, plus susceptibles de nous créer des tensions, des angoisses, un mauvais sommeil, voire des maladies.

L'ÉCHELLE DE NOS ÉMOTIONS

1. Joie / connaissance / autonomisation / liberté / amour / appréciation
2. Passion
3. Enthousiasme / ardeur / bonheur
4. Attente positive / foi
5. Optimisme
6. Espoir
7. Acceptation / contentement
8. Ennui
9. Pessimisme
10. Frustration / irritation / impatience
11. Accablement
12. Déception
13. Doute
14. Souci
15. Blâme
16. Découragement
17. Colère
18. Vengeance
19. Haine / rage
20. Jalousie
21. Insécurité / culpabilité / manque de mérite
22. Peur / chagrin / dépression / désespoir / impuissance

Avec cette échelle en tête, le premier pas pour vous ouvrir et réussir à passer à un autre niveau d'énergie consiste à savoir accueillir et reconnaître en vous l'émotion désagréable qui vous plombe et à réussir à passer à l'échelon supérieur.

Alors, quand on est en bas, dans la peur et l'impuissance, par exemple, mieux vaut parfois essayer de passer à la colère pour exprimer ses émotions réprimées, parce que la colère peut nous mobiliser pour soulever des montagnes ! Une de mes amies tape de toutes ses forces dans des coussins pour arriver à faire sortir son émotion négative ; un autre de mes amis ouvre les fenêtres de sa voiture et crie très, très fort pour extérioriser sa colère et passer à l'échelon supérieur ! Bien évidemment, attention, tout est une question de mesure. Car la colère non maîtrisée entraîne avec elle tout un lot d'émotions pas très vertueuses et destructrices pour soi et pour les autres : rancœur, tristesse, vengeance, haine, etc.

L'idéal, avec cette émotion, c'est de savoir l'utiliser pour la force d'adrénaline qu'elle nous procure, tout en sachant lâcher prise petit à petit, et de nous en détacher ensuite complètement, histoire de ne pas nous faire piéger par sa force ravageuse.

En résumé, souvenez-vous : tous les échelons placés au-dessus de l'acceptation vous ouvriront et vous feront bouger de façon positive. Tous les échelons placés en dessous vous entraveront et, d'une manière ou d'une autre, vous maintiendront dans un mode fermeture.

Notre but est donc d'atteindre le haut de l'échelle : là où se trouve l'amour, qui donne de la joie, des ailes, un sentiment d'infini, de reliance, et qui peut même nous guérir…

Gravir les échelons…

1. Choisissez une situation qui vous préoccupe actuellement. Par exemple : « Je suis en retard dans mon travail, je ne vois pas comment m'en sortir… ».

2. Repérez en vous l'émotion que vous ressentez et identifiez-la sur l'échelle des émotions. Ici : peur et impuissance, numéro 22 ! C'est votre point d'émotion actuel.

Maintenant, pour monter en énergie positive sur cette échelle…

3. Trouvez une pensée qui vous permettra de passer à un meilleur ressenti, à une émotion plus positive. Par exemple « J'en ai assez de la pression ! F***k ! Je fais ce que je peux ! » ou « Je croise les doigts pour que mon éditrice comprenne et me donne plus de marge… ».

Les pensées positives ont ce pouvoir de nous faire passer à un état émotionnel et énergétique supérieur. Recommencez avec autant de nouvelles pensées que nécessaire pour atteindre l'état émotionnel que vous souhaitez.

4. Si vous vous sentez un peu soulagé, c'est que vous avez atteint un nouveau point d'émotion. Ouf !

5. Repérez maintenant la nouvelle émotion qui vous correspond à présent. Par exemple : colère, numéro 17 (pour « J'en ai assez de la pression… ») ou espoir, numéro 6 (pour « Je croise les doigts pour qu'elle comprenne… »).

6. Félicitez-vous ! Vous avez réussi à contrôler ce que vous ressentez, à transformer vos émotions et à vous ouvrir à d'autres champs de possibles !

L'idée, avec cette échelle, est d'abord d'apprendre à vous situer. Vous n'êtes pas perdu dans le *nowhere*, il existe un chemin clairement identifié d'évolution immédiate. Hop ! Une nouvelle pensée et tout peut basculer : vous pouvez mesurer votre évolution et vous situer à nouveau. #jesaisoùjensuis

Ainsi, votre sentiment d'impuissance diminue, car vous vous rendez compte que vous savez non seulement mieux identifier et reconnaître une émotion ressentie, mieux la maîtriser, mais aussi mieux la transformer en une autre, plus positive. #jemaîtrise. Et ainsi, vous reprenez doucement le contrôle d'une situation dans laquelle vous vous sentiez enfermé. #open !

Maintenant pratiquez, pratiquez ! Avec de l'entraînement, vous pourrez accéder à n'importe quelle émotion, échelon après échelon, et changer ainsi votre réalité.

Souvenez-vous : lorsque vous changez, le monde entier change !

Ouvrir son cœur à soi-même

L'idée est d'aller d'abord à la rencontre de l'amour et de l'estime de soi. Car comment ouvrir son cœur à l'autre s'il est déjà fermé à la tendresse envers soi-même ? Comment offrir aux autres ce que nous ne possédons pas nous-même ? Tout commence par l'empathie envers l'être courageux et fragile que nous sommes, et par le non jugement et l'accompagnement bienveillant de nos échecs et de nos difficultés, comme si nous étions notre meilleur ami, avec douceur, compréhension et patience. #saimersoidabord

LES RÈGLES D'OR POUR OUVRIR SON CŒUR À SOI-MÊME

1. S'aimer soi-même.
2. Être vrai et parler vrai.
3. Rester fidèle à ses valeurs.
4. Ouvrir son cœur à la joie.

Pour y parvenir, comme toujours, efforcez-vous d'être en lien avec votre dimension supérieure, le « bonhomme lumineux » en vous. Sachez prendre congé de votre égo de la même manière que l'on invite un enfant à aller se coucher avec douceur lorsqu'il est énervé de fatigue et efforcez-vous de laisser place à vos plus belles qualités d'autocompassion.

S'aimer soi-même

> « Tant que nous ne sommes pas en amour avec nous-même, nous sommes une fréquentation dangereuse pour les autres. »
>
> Christiane Singer

L'autocompassion et vous

L'autocompassion est une aptitude à être dans une relation de bienveillance avec soi-même. C'est une volonté de s'accompagner tout en douceur, de se réconforter, de regarder ses erreurs et ses fautes avec compréhension et indulgence. Il ne s'agit pas de pleurer sur soi, de faire preuve de complaisance, d'apitoiement ou d'égocentrisme. Non, l'idée est de mobiliser les qualités d'amour et de tendresse vis-à-vis de soi-même, avec une véritable empathie envers ce que nous vivons dans les moments les plus difficiles.

Pourquoi est-ce si important de s'aimer et d'être doux envers soi-même? D'abord parce que les personnes capables de compassion et de tendresse envers elles-mêmes sont plus heureuses et en meilleure santé, disent certaines études scientifiques très sérieuses[75]. Cela constitue déjà une excellente raison ! En effet, ces émotions permettent de sécréter les hormones de « l'attachement », comme l'ocytocine, qui contribuent à nous faire du bien, non seulement dans le cœur en nous réconciliant profondément avec nos blessures, mais également dans le corps. En effet, il semblerait que ces hormones contribuent à améliorer le fonctionnement du système immunitaire et à soulager les douleurs chroniques.

On pratique l'autocompassion **d'abord pour soi**, parce que nous ne pouvons pas développer l'estime ou la confiance en soi,

75. Grâce à un article pionnier de la psychologue Kristin Neff, de l'université du Texas à Austin, le volume des publications académiques sur le sujet a explosé dans la communauté scientifique.

l'indulgence, la plénitude sans tendresse envers soi-même. Car comment faire la route avec un réservoir vide ? Nous avons besoin de nous consolider d'abord et de nous remplir de tendresse et d'amour pour nous-même.

On la pratique **ensuite pour les autres**. Afin d'être en mesure de donner et de redistribuer aux autres ce que nous avons de meilleur. Nous ne pouvons pas donner au monde ce que nous n'avons pas trouvé en nous-même.

Deux exercices de tendresse envers vous-même

1. Dites-vous des mots d'amour

Posez vos mains sur votre cœur. Ressentez leur chaleur et leur pression légère sur votre poitrine. Respirez lentement et calmement, et prenez conscience de votre respiration. Inspire, expire, inspire, expire… Répétez-vous : « Je m'accepte tel que je suis, et je m'aime tel que je suis. *I am enough.* » Faites-vous du bien, et répétez-vous encore et encore ce message adressé à vous-même.

2. Prenez-vous dans vos bras

Posez-vous un moment et prenez-vous dans vos bras. Fermez les yeux et serrez-vous fort, très fort, comme si vous étiez dans les bras d'une mère affectueuse et enveloppante. Il est vraiment bon de s'étreindre et de se câliner soi-même. Pensez à vous, à tout ce que vous avez vécu, dépassé, pensez à cet enfant intérieur qui s'est bien battu et qui a besoin de votre tendresse. Laissez chacune des blessures de l'enfant que vous étiez émerger en vous pour être embrassée et aimée. Si cela vous est trop difficile ou inconfortable, imaginez prendre dans vos bras une personne très chère. À un certain niveau, notre cerveau ne fait pas la différence entre le réel (vous en train de vous serrer dans vos bras) et l'imaginaire (la personne à laquelle vous pensez), alors profitez-en pour vous étreindre, prenez le temps de ressentir toutes les douces sensations dans votre corps. Donnez-vous de l'amour, de la douceur, de la compréhension, de la sécurité intérieure, de la joie même… Donnez-vous tout ce dont vous avez besoin. Souvenez-vous : la source d'amour est en vous. Vous avez juste à aller à l'intérieur de votre cœur et faire le plein d'hormones de câlins ! Vous le valez bien, non ?

LES MANTRAS, DES MOTS MAGIQUES POUR ALLER BIEN...

Le mot sanskrit *mantra* signifie « instrument de pensée. » L'utilisation de mots « sacrés » existe dans de nombreuses cultures. Dans la tradition hindouiste et bouddhiste, ils sont utilisés pour ouvrir le cœur, faire changer de niveau vibratoire et aider à canaliser les pensées. Ce qui a une influence directe sur l'ensemble de notre être mental, physique, émotionnel et spirituel.

Personnellement, je m'en suis énormément servi dans les périodes de coups durs – cancer, deuils, divorce, dépôt de bilan... – et je continue de les utiliser chaque jour pour rester focus sur mes aspirations, gagner, maintenir ou entretenir ma force intérieure. Au fil des années, ils sont même devenus les meilleurs alliés de ma résilience. Parce que la difficulté, c'est de garder le cap avec soi, n'est-ce pas ! On peut vite se prendre les pieds dans le tapis et oublier totalement ses bonnes intentions de douceur envers soi. Il suffit d'une réflexion maladroite ou d'un regard, et hop, on commence à douter de soi et à rentrer en insécurité.

Au début de ma pratique, pour me souvenir de me centrer sur moi-même, j'écrivais mes mantras sur ma main pour les voir et m'en rappeler facilement, sur un petit papier aussi que je cachais dans ma poche ou sur mes habits... Aujourd'hui, dans cette même logique de talisman et de rappel à soi-même, j'en ai fait une ligne de vêtements bien-être[76] ! #reminder

Mes limites : ce n'est pas contre toi, c'est pour moi

Une fois que nous avons réussi à nous donner un peu d'énergie, d'amour et d'estime de nous-même, l'enjeu ensuite, comme toujours, c'est d'arriver à conserver ce stock de bien-être intérieur pour nous en nourrir, prendre des forces et avoir le bonheur de le « redistribuer » ensuite à notre entourage. Mais cela ne se passe pas toujours comme prévu, parce que nous ne savons pas bien poser nos limites et que, bien souvent, nous pouvons nous laisser envahir ou nous vider. Résultat, nous épuisons notre stock à la vitesse de l'éclair ! Nous rencontrons tous des

76. INside by I.

situations dans lesquelles nous disons « oui » alors que nous avons en réalité très envie de dire « non ». Parfois, on peut se dire, « je suis vraiment une bonne pâte, vraiment trop gentil » avec une légère émotion de colère contre soi-même. Le *big boss* nous rajoute au dernier moment un dossier urgentissime, l'ado appelle au dernier moment pour qu'on passe au supermarché lui acheter ses céréales, le grand-oncle appelle sur notre temps de travail pour l'aider à résoudre à distance son problème d'ordinateur auquel nous ne comprenons rien nous-même... Nous disons « oui » en pensant « non » et, conséquence directe, nous finissons par ressentir agacement, irritation, colère, des sentiments nés de l'acceptation forcée à laquelle nous nous sommes contraint nous-même.

Or, nous en sommes durement responsable ! Nous avons tous le pouvoir de définir nos limites personnelles, sans blesser l'autre bien sûr. **Nous n'agissons ou ne réagissons pas contre l'autre, mais pour nous.** Il s'agit simplement de marquer et de protéger notre espace émotionnel, mental ou physique et de faire comprendre à l'autre ce qu'il peut faire et ce qu'il ne peut pas faire avec nous à l'instant T.

Vos limites vous appartiennent. Ce qui est acceptable pour vous ne l'est pas forcément pour votre interlocuteur. Et inversement. Et c'est ok. Souvenez-vous de nos systèmes de représentations et de nos manuels d'instructions, propres à chacun.

Pour parvenir à poser nos limites, il est essentiel de discerner les situations qui peuvent nous mettre en situation de faiblesse ; celles dans lesquelles, pour x raisons, il nous est difficile de poser un « non » d'entrée de jeu. Ce n'est qu'à partir du moment où nous les aurons identifiées que nous pourrons les éviter ou apprendre à mieux les gérer.

D'une manière générale, il existe trois types de circonstances dans lesquelles nous pouvons avoir de la difficulté à dire « non » :

• **Lorsque nous avons la sensation de ne pas avoir le choix**, que nous nous sentons obligés de dire « oui », ainsi que nous l'impose la petite voix d'adjudant-chef qui s'élève à l'intérieur de nous, elle-même dirigée par nos fausses croyances, nos diktats personnels (« Ça ne se fait pas. », « C'est pas sympa. », « Qu'est-ce qu'on va penser de moi ? », etc.). Pour contrecarrer cette voix, il faut revenir à l'idée que nous sommes à 100 % responsable de notre réalité et ainsi réussir à poser nos limites.

• **Lorsque nous avons peur de faire du mal à l'autre par notre refus**, sur la base de tout un lot de projections et de croyances erronées (« L'autre va m'en vouloir. », « Il va se sentir rejeté ou abandonné. », « Notre amitié va en pâtir. », etc.). Dans ces cas-là, il faut redevenir rationnel. Déjà faire la différence entre refus et rejet. Un refus de quelque chose n'est pas un rejet de l'autre. Le refus que l'on pose porte sur une demande à laquelle on ne peut répondre, il ne porte pas sur la personne qui émet la demande, ni sur la relation entretenue avec cette personne. Si cette relation est saine, le refus sera accepté sans problème. Si, à l'inverse, l'autre ne nous laisse pas l'espace ou la liberté de dire non, c'est que, de toute façon, la relation est malsaine et nécessite une révision.

• **Lorsque nous avons peur que la situation dégénère en conflit que nous ne pourrons pas gérer** : là encore, reprenons la responsabilité de nos choix et laissons à l'autre la responsabilité des siens. Si l'autre décide de se mettre en colère, c'est son choix, sa décision. Cela ne doit pas nous empêcher de rester ferme sur notre position.

NON !

Une fois que nous avons déterminé nos situations « à risque », il faut apprendre – étape sans doute la plus importante – à dire « non ». Franchement non, clairement non ! Cela passe par une action primordiale : savoir formuler sa position de façon ferme et limpide. Il est essentiel, lorsque nous posons un « non », de nous montrer précis et d'utiliser le « je ». Dans ces moments-là, il ne faut pas parler de l'autre (« tu »), il faut parler de soi : « Je ne vais pas pouvoir faire ce que tu me demandes ». Il est également important de toujours rester dans une posture bienveillante, sans reproches, sans tentative de culpabiliser l'autre. Et il faut aussi éviter de s'engluer dans des excuses ou des justifications : elles compliquent le message pour l'autre et affaiblissent notre propre fermeté. Enfin, si l'autre insiste, il faut rester paisiblement sur sa position et mettre fin à la discussion.

Apprendre à dire « non » préserve notre énergie : nous n'avons plus besoin de la gaspiller pour répondre aux attentes du monde entier, nous posons des limites et nous ne nous épuisons plus. Ensuite, cela nous permet de ne plus avoir la sensation (tellement désagréable !) de subir les événements : nous en redevenons les acteurs. Par ailleurs, n'oublions pas que savoir dire « non » signifie aussi savoir dire « oui » ; car dès lors, nous ne proférons plus des « oui » contraints et forcés, mais de vrais et tonitruants « oui ! », en phase avec ce que notre âme ressent. Enfin, et c'est peut-être le plus beau cadeau, nous développons un plus grand respect de nous-même ; nous avons foi en notre faculté de dire « non », de poser un cadre rigoureux, et cela nous permet de nous respecter nous-même et d'agir en alignement avec nos émotions. « Faire de son mieux, c'est faire les choses avec le cœur, avec envie, et non parce qu'on se sent obligé de les faire », dit Don Miguel Ruiz dans *Les Quatre Accords toltèques*.

Tournez la caméra vers vous

Avant tout, il peut être intéressant d'établir une liste, abordant tous les domaines de votre vie quotidienne, dans laquelle vous noterez tout ce qui vous coûte, tout ce qui vous met en situation d'ambivalence, de *too much*, genre « Je ne me respecte pas, là ». Elle pourra vous servir de pense-bête pour repérer plus vite les situations où il est bon que vous posiez plus tôt vos limites.

Puis, d'une manière générale, suivez le fil rouge de vos émotions. Elles sont vos meilleurs indicateurs de franchissement de frontières. Dès qu'une circonstance vous blesse, vous contrarie ou vous agace et que vous ressentez un inconfort dans votre corps, soyez-y attentif et notez de quelle situation il s'agit. Essayez de répondre à la question : « Qu'est-ce qui me met en colère, m'attriste, m'angoisse… ? »

Une fois que vous avez identifié la cause de votre mal-être, annoncez à votre interlocuteur ce qui n'est pas ou plus acceptable pour vous. Stop !

Informez-le gentiment des **conséquences** au cas où il transgresserait cette **limite**.

Par exemple : « Cela m'angoisse quand tu t'énerves et que tu hausses le ton lorsque nous ne sommes pas d'accord. Je ne supporte pas cela. Alors, si tu cries encore, je couperai notre conversation téléphonique. »

Pas besoin de vous justifier ou de négocier, les limites et les règles ont été annoncées. Et quand la personne se met à crier trop fort, vous raccrochez.

Important : poser ses limites ne veut pas dire manipuler ou dicter à l'autre comment se comporter. Il se comporte comme il veut et comme il peut. De la même manière, nous nous autorisons, nous aussi, à bénéficier de la même liberté d'actions ou de réactions. L'action débouche simplement sur une conséquence annoncée. On pose les limites, c'est tout. Bien évidemment, c'est mieux si nous arrivons à nous exprimer avec calme et une certaine maîtrise émotionnelle, à partir de la clarté de ce qui est en train de se jouer, plutôt qu'à partir de la colère ou de la peur. Mieux vaut toujours rester centré, fluide et bienveillant qu'être tendu et énervé pour prendre soin de soi et d'une situation quelconque. L'essentiel est d'arriver à faire entendre à l'autre ce qui est important pour nous.

LES VISUALISATIONS DE PROTECTION

Personnellement, pour m'aider à poser mes limites dans certaines situations, lors de rendez-vous difficiles, face à des personnes ou des milieux hostiles, j'utilise la technique de la visualisation. Soit je visualise une combinaison de protection imaginaire tout autour de moi, comme une combinaison de plongée, soit des remparts lumineux, soit un cercle de protection lumineux. À chacun ses scénarios de protection.

Être vrai et parler vrai

« S'il y a un bonheur à être vrai, ce n'est pas d'abord pour obéir à un dogme [...], c'est pour pouvoir se présenter sans fard ni hypocrisie, donc sans charge sur les épaules. Comme le bébé que nous avons été lorsqu'il s'est présenté au monde. Si nu, si fragile, et pourtant si fort. »

Pascale Senk[77]

Être vrai simplifie, embellit et enrichit la vie. Mensonges, promesses en l'air, tricherie, manipulation, langue de bois, hypocrisie... sont fatigants pour tout le monde, n'est-ce pas ? D'autant que cela nous empêche de dormir du sommeil du juste et que cela endommage les liens que nous entretenons avec les autres. L'ouverture de cœur est une quête d'honnêteté et de sincérité qui commence par soi. Il est impossible d'être ouvert et authentique si l'on ne l'est pas d'abord, en accord avec soi-même. Cela signifie être à sa propre écoute, voir et comprendre ses films intérieurs, savoir se regarder dans le miroir sans triche. Plus la qualité de connaissance de nos propres fonctionnements sera fine, plus la « vraie rencontre » avec l'autre sera facilitée.

77. « Vous sans voile », *Psychologies magazine*, 2009. Pascale Senk est journaliste, haïkiste, auteure du livre *L'Effet Haïku*, Éditions Leduc, 2016.

Être et parler vrai, c'est avoir le courage de dire et de partager son ressenti, d'avouer ses faiblesses et/ou ses vulnérabilités, de témoigner de son intimité, de parler franchement, de se livrer sans fard. Mais c'est parfois difficile, surtout avec ses proches, ses parents, ses enfants, ses amis, ses amoureux(ses)... Parce que non seulement nous ne sommes pas toujours clair avec ce qui se passe en nous, que nos émotions sont ambivalentes, que toute vérité n'est pas bonne à dire ou à entendre, mais aussi parce que parfois notre interlocuteur n'est pas le bon destinataire.

L'objectif n'est pas de montrer, ni d'exposer de soi ce que l'on ne veut pas forcément montrer, comme si on se livrait en pâture sur une place publique. Rien ni personne ne nous demande d'être transparent, et nous n'avons pas à l'être. Il y a un endroit de soi intime et inviolable que nous devons à tout prix préserver, proche d'une certaine forme de respect de soi et d'intégrité. Nous avons juste à prendre soin de ce qui fait le pont et le lien entre nous et l'autre : la confiance.

« Quelqu'un de "totalement vrai", qui n'aurait plus de frein entre son discours intérieur et son discours verbal... c'est quelqu'un qui parlerait tout seul, à voix haute, dans la rue[78] ! » Nous nous construisons entre le dit et le non-dit et il serait naïf de penser qu'être vrai et authentique, c'est dire à chacun ses quatre vérités et énoncer tout haut les pulsions qui nous traversent. Être et parler vrai ne signifie pas se lâcher dans une absence de contrôle de soi. « Ce n'est pas un langage décomplexé. Le parler vrai est toujours soucieux de faire du lien, du durable[79]... ». Et du confiant, entre soi et l'autre. C'est ressentir et penser tout ce que l'on dit, et non dire tout ce que l'on pense[80].

---

78. Edmond Marc et Dominique Picard (professeurs de psychologie à l'université Paris XIII), *Les Conflits relationnels*, Coll. « Que sais-je ? », PUF, 2020.
79. Cynthia Fleury, philosophe, professeure, auteure et psychanalyste.
80. Edmond Marc et Dominique Picard, *op. cit.*

C'est un exercice de discernement. Et aussi, en toile de fond, une question d'éthique : même si la vérité est subjective et relative à soi, il est quand même question d'honorer des valeurs élevées qui nous permettent de nous élever sur l'échelle des émotions, pour notre plus grand intérêt et notre plus grand bonheur.

Chacun peut apprendre à s'exprimer dans l'authenticité de son être. Être sincère, vrai, authentique, congruent est une démarche qui se travaille et qui nous fait gagner du temps et de l'énergie. Il suffit parfois d'une parole simple et amicale. De cœur à cœur...

SINCÉRITÉ

« Son étymologie latine *sine cera*, "sans cire", renvoie à l'idée du miel sans impureté, où le nectar est parfaitement transparent, pur. En ce sens, la sincérité peut être synonyme d'authenticité, de pureté. Être sincère, c'est être soi-même, en toute clarté, au-delà de tout jugement moral. À la différence de la franchise ou de la véracité qui se rapportent à la vérité des faits (l'énoncé et l'énonciation) », écrit Elsa Godart[81].

Restez fidèle à vos valeurs

Nos valeurs, c'est-à-dire les dispositions positives selon lesquelles nous nous construisons et conduisons nos actes, agissent comme une boussole qui nous permet de bâtir une vie emplie de sens, ajustée à nos besoins et à nos aspirations. Elles créent un mouvement vers l'autre et constituent le fondement d'un cœur et d'une société en paix.

Les valeurs humaines sont nombreuses... Dans certaines classifications, elles peuvent atteindre le nombre de 211, parmi

81. Elsa Godart est philosophe, psychanalyste et auteure de *La Sincérité : ce que l'on dit, ce que l'on est*, Larousse, 2008.

lesquelles le respect, l'acceptation, la considération, l'appréciation, l'accueil, l'ouverture, l'entraide, la réciprocité, la solidarité, l'écoute, la bienveillance, l'empathie, la fraternité, l'affection et l'amour… Elles nous aident à accéder à l'humanité de l'autre à partir de notre propre humanité, dans le respect et la bienveillance. Elles nous aident aussi à agir en intégrité, en prenant soin de ne pas nuire à l'autre, de ne pas lui porter atteinte, mais aussi en veillant à ce que l'autre ne nous porte pas atteinte non plus.

Rester fidèle à nos valeurs, c'est étirer notre colonne vertébrale psychique et la garder droite et fière, avec le souci permanent de l'équité, de la justice, de la dignité, de l'accueil, de la tolérance, de l'amour du vivant.

Nos valeurs s'édifient en fonction de ce qui nous apparaît comme étant bien ou mal, même s'il peut être compliqué parfois de faire le tri entre ce qui compte réellement pour nous et ce que l'on nous a fortement soufflé dans les oreilles. D'où qu'elles proviennent, elles participent de l'élaboration de notre identité et, plus largement, de celle de notre société.

Un rapport conduit depuis 1983 par l'université d'Harvard a clairement montré le lien qui existe entre le respect de valeurs et le bonheur; plus les individus vivent des liens d'affection proches et sincères, plus ils sont heureux (cet élément comptant encore plus que l'argent ou la gloire). Or, pour que ces liens affectifs soient satisfaisants, il faut qu'ils soient l'incarnation de valeurs humaines respectées et réciproques, comme la vérité, l'éthique, la générosité, la réciprocité, la loyauté, etc.

Le respect des valeurs personnelles est donc un élément clé de la démarche d'ouverture de cœur et d'accession au bonheur.

Cap sur vos trois valeurs fondamentales !

Prenez un temps pour vous. Installez-vous avec une feuille de papier. Prenez trois grandes respirations, détendez-vous et répondez à ces trois questions avec honnêteté et sincérité :

- Qu'est-ce qui est important pour moi dans la vie ? (Les amis, la famille, l'ambition, le fun, le sport, etc.)
- Au nom de quoi serais-je prêt à changer de vie ?
- Si je n'avais pas le choix et que je devais vivre en sacrifiant plein de choses, qu'est-ce qu'il me serait impossible de sacrifier ?

Sachez que derrière chacune de vos réponses devrait se cacher une de vos valeurs fondamentales. À vous de jouer !

Ouvrez votre cœur à la joie, l'émotion star !

Chaque palpitation de joie est l'indice que nous sommes en train d'ouvrir notre cœur…

Pour les Maasaï, la joie n'est pas un but à atteindre, elle est le point de départ, l'origine de tout. Elle est l'expression du lien vivant qui nous relie à la Déesse Mère, source de toute vie.

Avec l'amour, la joie est l'émotion star de l'ouverture de cœur. Elle est plaisir, plénitude, satisfaction, légèreté… art de repérer, de savourer, de cultiver la vie en soi et à l'extérieur de soi, le bon, le bien et le beau. Elle est audace aussi, force libératrice, capacité d'aimer, de donner, de partager, d'oser… Avec elle, on chante, on danse, on rit et on célèbre le vivant ! À la différence du bonheur, qui est incompatible avec la souffrance, la joie, quant à elle, est beaucoup plus folle et demeure possible même quand le bonheur nous tourne le dos. Elle est vitalité, dynamisme, jaillissement, intensité, jouissance… et rempart contre la violence ou l'absurdité du monde. Comme tous les experts en psychologie du bonheur s'accordent à dire que 40 % de notre bonheur ne dépend que de nous, à nous donc de nous rappeler que l'accès à la joie de vivre est possible à chaque seconde, en nous émerveillant et nous réjouissant des petites choses du quotidien, comme lorsque nous étions enfant. Retrouvez l'enfant en vous qui s'amusait d'un rien, faisait des bêtises, des surprises ou des blagues, croquait la vie à pleines dents, riait aux éclats… L'idée aujourd'hui est de tout mettre en œuvre pour retrouver votre cœur d'enfant !

Riez…

Selon Charlie Chaplin, une journée sans rire est une journée perdue. Je suis complètement d'accord. Question directe : Combien de fois avez-vous ri aujourd'hui ? Et par jour en moyenne, combien de temps riez-vous ?

Le rire est un véritable concentré de petits bonheurs faciles et un puissant antistress car il provoque dans le cerveau la libération d'endorphines, ces fameuses hormones du bien-être et de l'euphorie. Alors ouvrez votre cœur à la joie, à l'humour, à l'autodérision, au détachement. Il n'y a plus de temps à perdre et il n'y a aucune limite au rire ! Parfois même, c'est tout ce qu'il nous reste…

C'est une question d'état d'esprit et de regard. Partager, se réjouir seul ou à plusieurs, mettre en lumière ce qui va bien et ne pas donner la première place à ce qui va moins fort entretient chaque jour une ouverture de cœur et une bonne vitalité.

Cultiver la joie est également une forme de politesse envers les autres et de gratitude envers la vie.

Souriez…

Sourire nous rend heureux et être heureux nous fait sourire. C'est un cercle totalement positif et vertueux qui, en plus, ne peut nous apporter que de la joie et du succès, puisque, selon une étude de la Penn State University, ceux qui sourient souvent ont plus de succès que les autres… Alors allez-y, affichez votre plus beau sourire : vous constaterez assez vite que votre ouverture intérieure crée un rayonnement extérieur. Ne soyez pas étonné(e) si l'on vous dit de plus en plus souvent : « Tiens, tu as bonne mine aujourd'hui ! Serais-tu amoureux ? Tu es un vrai soleil ! ». Et l'on comprend que toutes les crèmes de beauté du monde ne peuvent pas rivaliser avec la lumière intérieure faite d'une joie sereine et confiante.

Smile and be happy

Le but de notre existence, d'après Spinoza, c'est de nous accomplir en augmentant notre puissance vitale et la joie qui l'accompagne. Alors chaque matin, demandez-vous ce qui pourrait mettre votre cœur en joie : « Que puis-je faire aujourd'hui pour accroître ma joie ? »

À faire tous les jours pendant une minute : Prenez un crayon et placez-le entre vos dents au fond de votre bouche (ne vous faites pas mal !). Maintenez-le ainsi quelques minutes afin que votre cerveau ait le temps de générer de la dopamine, qui va créer une sensation de bien-être. Grâce à ce petit geste tout simple, vous pourrez petit à petit vous donner une douce joie et une meilleure humeur. Puis, pendant la journée, donnez-vous pour mission de sourire tout le temps, au plus grand nombre, et programmez-vous au moins une action qui ouvre votre cœur, comme chanter (même sous votre douche), danser (dans votre salon), rire, jouer, sauter, lire, écrire, partager, donner, savourer… Hop ! Dopamine assurée !

Explication : des études scientifiques ont prouvé que notre corps avait un impact sur notre cerveau. Ainsi sourire « à la demande » produit les mêmes effets positifs dans notre organisme qu'un sourire naturel, et peut générer le même niveau de stimulation du cerveau que 2000 barres de chocolat[82] (sans les calories) !

82. Source : « Le pouvoir secret du sourire », Ron Gutman, www.ted.com/talks/ron_gutman_the_hidden_power_of_smiling?language=fr

« Rester un être humain, c'est jeter, s'il le faut, joyeusement, sa vie entière, sur "la grande balance du destin", mais en même temps se réjouir de chaque belle journée de soleil, de chaque beau nuage. Hélas, je ne sais pas la recette qui permettrait de se conduire en être humain, je sais seulement comment on l'est. »

Rosa Luxemburg

Ouvrir son cœur à l'autre

Pour ouvrir et maintenir une vibration de cœur ouverte vis-à-vis de l'autre, il faut commencer par croire en l'amour, absolument et contre tout. Avoir ou garder la confiance, avoir foi en son pouvoir et sa force, contre vents et marées.

Ouvrir son cœur à l'autre, c'est apprendre à le recevoir tel qu'il est, en le regardant avec des lunettes de tendresse et de compréhension. À le voir plutôt comme un ami, un compagnon de notre survie et de notre épanouissement, et non comme un ennemi. À le considérer d'égal à égal, avec ses imperfections et ses besoins. C'est apprendre à le recevoir directement dans son cœur, sans passer par la case du « mental », et donner plus, partager, pardonner…

TROIS RÈGLES D'OR POUR COMMENCER À OUVRIR SON CŒUR AUX AUTRES

1. Mettre son égo de côté.
2. Accueillir.
3. S'entraîner quotidiennement à se donner de l'espace.

Mettre son égo de côté

Avant tout, à chaque seconde, efforcez-vous de mettre de côté votre égo insécurisé, par nature envahi par la volonté de contrôle et de pouvoir. Combien de temps et d'énergie dépensons-nous à nous défendre, à réagir, à nous valider, à chercher de la reconnaissance ? Combien de vrais moments de rencontre sincère et profonde avons-nous avec les autres ?

Avant même que nous ayons le temps de recevoir l'autre, notre égo réagit en mode défensif sans l'avoir vraiment écouté, entendu, reçu. Nous ratons ainsi la juste compréhension, la rencontre, l'échange et le potentiel de transformation fertile et réellement constructive.

Prenons plutôt le temps de mettre notre égo de côté pour « descendre » dans notre cœur, nous placer plus en sécurité et en ouverture dans la dimension plus grande de nous-même. C'est *THE* posture à chérir le plus possible dans chaque pensée, parole, geste, choix, action, etc.

> « Tant qu'un homme ne se met pas, de son plein gré, à la dernière place, il n'est pas de salut pour lui. »
>
> Gandhi

Il existe un moyen simple d'y parvenir : **faire passer l'autre AVANT soi**. Bien sûr, pas tout le temps et pas n'importe comment, mais toujours avec sagesse et discernement.

« Notre égo est dans notre cœur, c'est la raison pour laquelle celui-ci est si petit ! Il n'y a de place pour personne d'autre que soi-même ! C'est pour cela que devons mettre plein de gens dans notre cœur, pour l'ouvrir et l'agrandir… », dit Sabchu Rinpoché.

Les autres par centaines

Pour y parvenir, j'utilise une pratique de méditation issue du bouddhisme. Chaque matin, quand j'ouvre les yeux et que je me reconnecte au monde, je me dis bonjour, à moi, Isalou, puis je dis bonjour à la vie. La vie qui inclut les autres et la terre entière.

Quand je dis bonjour à la vie, je pense à mettre plein de personnes à l'intérieur de mon cœur. D'abord celles qui font partie de mon entourage direct : mes enfants, ma famille, mes amis, mes amours, etc. Puis toutes celles qui font partie de mon deuxième cercle, que je connais moins, mais auxquelles je suis très attachée : mes relations, ma petite communauté Facebook et Instagram chérie qui a besoin d'amour, de soutien, de force. Puis, mon troisième cercle : des personnes que je ne connais pas vraiment ou pas du tout, qui ont elles aussi besoin d'amour, de soutien, de force, de sécurité, etc. Toutes les personnes en souffrance sur cette planète, en situation de pauvreté, de maladie, de solitude, de peur, etc. Puis j'élargis à tous les êtres vivants, les animaux, les végétaux qui, de la même façon, ont besoin de protection et d'amour. Bref notre planète tout entière ! Hop, je fais entrer tout ce petit monde dans mon cœur ! Plus on inclut d'autres personnes, plus on s'ouvre ; et plus on s'ouvre, plus on est heureux…

À vous de jouer !

Et si vous preniez maintenant une minute pour ouvrir et agrandir votre cœur ? Lisez ce qui suit pour vous en imprégner, puis fermez les yeux et prenez trois grandes respirations pour faire ce petit exercice de visualisation.

Visualisez-vous, multiplié par des milliers, des millions même, comme des clones, et mettez tous vos « moi » dupliqués dans votre cœur. Tout rentre, n'est-ce pas ! Puis pensez à toutes les personnes que vous aimez, et mettez-les aussi à l'intérieur de votre cœur. Voyez comme celui-ci est extensible.

Cœur extensible à l'infini !

Vous êtes-vous, vous aussi, posé cette question naïve avec vos enfants ? Lorsque j'ai eu mon premier enfant, mon fils Alexis, je l'aimais tellement, que je me demandais comment j'allais pouvoir aimer aussi fort un deuxième enfant. Puis quand ma fille Anastasia-Lou est née, mon cœur s'est immédiatement agrandi et ajusté d'un coup. Hop, dans un océan d'amour direct ! Et on se rend compte alors que l'on pourrait avoir d'autres enfants encore et que l'on aurait la capacité de les aimer aussi fort les uns que les autres. Notre cœur est extensible à l'infini !

Eh bien, dans cet exercice, c'est pareil. On agrandit notre cœur en mettant plein d'autres personnes à l'intérieur, et il s'ajuste.

Notre cœur est sans limite quand il s'agit d'y faire entrer des personnes que l'on aime. Il s'ajuste encore et encore pour tous les faire entrer, et réduit ainsi, de fait, la place de notre égo. Pour nous rendre encore plus heureux, car relié à l'humanité entière et à la vie.

Pour être pleinement heureux, il faut réorienter l'activité de notre cœur trop concentrée sur notre égo, et l'ouvrir sur l'immensité du plus grand nombre. À nous les grands espaces !

Avez-vous remarqué que, d'une manière générale, les grandes figures profondément spirituelles et altruistes sont toutes, absolument toutes, souriantes et joyeuses ? *Big smile*, Mère Teresa, le Dalaï-Lama, Amma…

Accueillir

Puisque nous savons maintenant comment faire de la place dans notre cœur, l'idée à présent est de savoir accueillir l'autre de la plus belle des façons. Comment ? En créant de l'espace.

Comment recevoir un ami dans sa maison si elle est tellement encombrée qu'il ne peut même pas mettre un pied à l'intérieur? Pour recevoir dignement une personne, nous rangeons notre maison pour qu'elle se sente à l'aise, n'est-ce pas? Eh bien, il s'agit d'adopter la même posture d'accueil à l'intérieur de notre cœur. On range, on fait le vide. *Welcome in my home!*

L'idée est de travailler une posture intérieure qui va créer un espace amical pour accueillir et inviter l'autre à s'ouvrir, lui aussi, en toute sécurité.

Accueil = espace. Accueillir, c'est quitter notre mental, descendre dans notre cœur, être spacieux, acceptant et bienveillant. Sans jugement, puisque le cœur est le seul endroit où le jugement n'existe pas. On voit, on ressent, on reçoit, c'est tout. Le jugement et les émotions négatives sont des obstacles à l'accueil : l'autre le ressent et risque de se bloquer, de rester en mode fermeture. Vont alors s'enchaîner, inconsciemment ou non, des échanges fondés le plus souvent sur la justification, la peur, les non-dits… donc potentiellement les mensonges, la fuite, la distance, etc. Et la relation va ainsi tristement stationner dans des rapports superficiels de défense et de méfiance.

Seul un véritable espace d'accueil au fond de notre cœur nous donne la capacité de rencontrer vraiment l'autre et de rendre la situation fertile et positive pour chacun. « Avant de parler, tourne ta langue 7 fois dans ta bouche », dit le dicton. Même si je trouvais cette expression un peu idiote lorsque j'étais petite, aujourd'hui, je la trouve finalement très sensée. C'est certain, quelques secondes d'accueil et de réflexion sur ce qu'a dit l'autre semblent absolument indispensables avant de répondre. 1, 2, 3, 4, 5, 6, 7… C'est toute la force et la qualité de l'écoute, qui est une des qualités premières de l'accueil. Accueillir, c'est pouvoir agir en conscience, et non réagir émotionnellement sans conscience.

Bien évidemment, ce n'est pas une posture facile d'entrée de jeu car notre mental, la tour centrale de notre égo, se méfie de l'accueil et préfère donner la première place au contrôle aveugle. L'accueil est même contre-nature pour lui.

C'est pourtant en étant dans l'accueil spacieux non jugeant, et presque « non réagissant », que nous pouvons vivre en harmonie. Accueillir les situations, les épreuves, les émotions, les changements… Lâcher les stratégies inutiles et épuisantes, accepter ce qui est sans surréagir, laisser le flux de la vie nous traverser sans rien bloquer. Et quand cette forme d'accueil-là prend place en nous, il ne peut que se reconnaître et se vivre en tant qu'Amour avec un grand A, universel, altruiste, XXL… le fameux océan à l'intérieur. Il n'est plus un mot ou un concept, il est compris et vécu dans l'expérience même de l'accueil véritable. À partir de là, le cœur grand ouvert, nous sommes en mesure d'accueillir tout ce qui est compliqué, blessé, rejeté, tourmenté… de nous laisser pénétrer et d'accueillir à notre tour. De cœur à cœur.

Petite méditation rapide pour descendre dans votre cœur…

Installez-vous dans un endroit calme et fermez les yeux. Descendez votre conscience dans votre cœur, dans le chakra du cœur situé au centre de votre poitrine. Celui-ci se rapporte à l'amour et à la relation avec l'autre. C'est lui qui donne la capacité d'aimer, de donner et d'accepter. Il nous permet de toucher notre moi profond, notre bonhomme lumineux, de nous aimer et de développer notre capacité à aimer l'autre, l'accueillir et recevoir son amour. Une fois votre conscience dans votre cœur, laissez-vous aller et détendez-vous. Ne cherchez rien. Pas de but à atteindre, pas de désir, pas d'analyse, pas de compréhension à avoir. Dans cette énergie d'amour, il n'y a absolument rien à comprendre, et le mental n'existe plus. C'est le seul point de difficulté, car le mental a besoin de contrôle. Et nous aussi.

Alors, respirez simplement et détendez-vous dans votre cœur… la magie opèrera.

S'entraîner quotidiennement à se donner de l'espace

Gardez la maîtrise. Pour savoir vous donner de l'espace intérieur, il faut savoir garder la maîtrise de ce qui se passe à l'intérieur de vous. Tenez bon la barre et restez seul maître à bord, gérez le mieux possible vos pensées et vos émotions. Allez-vous laisser quelqu'un d'autre ou une situation quelconque décider de ce qui se passe en vous ? Non, bien sûr que non ! C'est vous le seul maître de votre système personnel, alors #beaware (soyez conscient), comme nous y invite Jean-Claude Van Damme.

Mettez vos écrans de côté. Détachez-vous quelques instants des petits et des grands écrans noirs – téléphone, ordinateur, téléviseur, etc. – et laissez votre esprit s'aérer un peu et se reposer. Savourez la déconnection et respirez à pleins poumons. Réalisez à quel point le fait d'être en permanence connecté, en mode distraction et dispersion, est épuisant. Rappelez-vous de l'astuce de la banane pour calmer votre petit *monkey mind*. Alors prenez le temps de respirer en conscience, comptez même jusqu'à 10 respirations, et laissez-vous juste être présent à vous-même.

Respirez, bougez, prenez l'habitude de ne rien faire. Allez marcher dans la nature, respirez, faites du yoga, du Tai Chi, du sport : ce sont les meilleurs moyens de se vider la tête, de s'aérer l'esprit, de chasser le stress, les tensions, les contrariétés, les rancœurs, et de se rouvrir à soi et aux autres. Prenez l'habitude de ne rien faire aussi ! Cette « action » consciente permet de se détacher du devoir faire, du « il faut que », de l'obligation, de la pression et de la performance. Rien à atteindre. Juste être et accueillir ce qui vient.

Méditez, pratiquez la respiration zen.

Petit exercice de respiration zen express pour vous rouvrir à l'instant présent

Asseyez-vous dans un endroit calme. Tenez votre dos bien droit, prenez trois grandes respirations et fermez les yeux.

• Respirez profondément par le ventre en inspirant par le nez. Comptez calmement jusqu'à 5.

• Retenez l'air dans votre ventre et vos poumons le temps de compter jusqu'à 5.

• Expirez doucement par le nez et la bouche en comptant encore jusqu'à 5.

• Libérez tout l'air de vos poumons en pensant que, avec lui, vous chassez stress et contrariétés.

Mon astuce : J'accompagne chaque expiration de mots clés inspirants qui deviennent pour moi des mantras – *open*, calme, soleil, amour, confiance, force intérieure… – et qui ont un effet direct d'ouverture de cœur.

Les 3 verbes stars de l'ouverture à l'autre

À partir du moment où vous êtes dans la bonne posture intérieure, c'est-à-dire dans votre dimension lumineuse, que vous savez comment accueillir et faire de l'espace en vous, en neutralisant un peu votre égo, vous allez pouvoir AGIR et pratiquer les verbes d'ouverture.

Comment ? En conjuguant consciemment tous les verbes d'ouverture au travers de vos pensées, vos paroles, vos gestes, vos actions.

Voici les 3 verbes stars de l'ouverture de cœur, que je vous invite à pratiquer d'urgence, ici maintenant :

- donner ;
- être sympa ;
- dire merci.

Donner : le pouvoir de la générosité

Une petite histoire pour commencer… Un jour, en Inde, un passager assis sur le toit d'un wagon perdit l'une de ses sandales le long de la voie de chemin de fer. Aussitôt, il saisit sa deuxième sandale et la jeta sur la voie. Intriguée, une personne assise à côté de lui lui demanda pourquoi il avait fait cela.

« Que voulez-vous que je fasse d'une seule sandale ? lui répondit l'homme. Je préfère donner la seconde à la personne qui va trouver la première, pour qu'elle ait la paire ! Ainsi, au moins, elles seront utiles à quelqu'un ! »

La générosité, c'est simple, c'est donner ! C'est offrir gratuitement à quelqu'un quelque chose que l'on possède, lui en faire cadeau sans rien attendre en retour. C'est un cadeau de la vie, un acte d'amour, d'amitié et de considération pour l'autre. C'est du temps, de l'écoute, du soutien, de l'argent, des fleurs, un sourire, un regard…

Être généreux, c'est aussi penser et agir dans l'intérêt des autres, et pas simplement dans son propre intérêt. C'est avoir suffisamment en tête l'idée que l'autre est non différent, non séparé de soi, et être constamment conscient de l'interdépendance qui nous relie pour pouvoir lui donner sa sandale sans avoir à y réfléchir pendant des heures. Pour l'autre, parce que cela va lui faire du bien, ou lui être utile. Nous gagnons en estime de nous-même et en satisfaction. Être généreux, c'est élargir sa conscience et augmenter en même temps son niveau de bonheur. C'est aussi savoir penser global pour contribuer à bâtir un monde meilleur. #interdépendance

Aider les autres et avoir des comportements altruistes rend plus heureux, comme le prouvent de nombreuses études scientifiques, dont une publiée en 2010[83], qui a montré que nous sommes plus

83. P. K. Piff, M. W. Kraus, S. Côté, B. H. Cheng & D. Keltner, « *Having less, giving more : The influence of social class on prosocial behavior* », *Journal of Personality and Social Psychology*, 2010.

heureux lorsque nous avons l'opportunité d'aider les autres. Pourquoi ? Parce que la bonté stimule les hormones du bonheur que sont la dopamine, la sérotonine, l'endorphine et l'ocytocine.

NOS HORMONES DU BIEN-ÊTRE

- **La sérotonine** régule notre humeur et aime la satisfaction et la fierté. Avec elle, vive l'estime de soi et la reconnaissance !
- **La dopamine** nous donne des ailes, l'envie de faire, d'expérimenter et de relever des défis. Elle aime l'enthousiasme, le chocolat, les réussites… petites et grandes bien sûr. Avec elle, vive le ménage, le rangement, le « faire plaisir à », les petits actes de générosité faciles de soutien, d'aide, etc.
- **L'endorphine**, antistress et antidouleur naturel, nous permet de continuer malgré tout. Elle aime le sport, le rire et le chocolat. Avec elle, vive les sauts en parachute, les relations charnelles, les piments, les glaces, etc.
- **L'ocytocine** nous relie aux autres, déploie notre confiance, notre amour, notre attachement. Elle aime les câlins et facilite l'empathie, la générosité, le collaboratif, etc. Avec elle, vive la douceur, l'intimité, les petites bougies, la gentillesse, la générosité…

Faire le bien, c'est SE faire du bien

Faire une bonne action, ce n'est pas seulement agir pour autrui, c'est aussi agir pour soi ! Nous avons besoin de l'autre pour nous faire du bien et éprouver notre générosité.

Lorsque l'on se sent bien, on a envie de donner plus, de faire plus de bien autour de soi. Et faire plus du bien autour de soi développe des échanges vertueux, de précieuses relations et de sympathiques *feed back*. Résultat : on se sent encore mieux ! C'est un cercle vertueux à l'infini.

Une double précaution éthique : affirmation de soi et réciprocité

Affirmation : une générosité « juste » résulte toujours d'une certaine clarté et affirmation de soi. Elle est choisie consciemment et librement, c'est-à-dire sans que nous soyons manipulés par notre égo qui pourrait trouver là un moyen de se faire aimer davantage, ou de se valoriser, ou de contrôler encore plus… Elle n'est pas liée au fait que nous ne sachions pas suffisamment poser nos limites. Il est ici question de connaissance et d'affirmation de soi, et de donner en conscience en mesurant l'impact de notre don. Par ce don, rendons-nous l'autre libre ? Est-ce que nous l'aidons à grandir, à devenir autonome ?

Il faut en effet veiller à éviter le déséquilibre : trop donner peut créer un déficit d'un côté et une dette de l'autre. Et dans ce cas, l'air de rien, nous enfermons plus la relation que nous ne l'ouvrons. C'est une question d'intention juste et de clarté.

Réciprocité : donner oui, mais recevoir aussi. Certaines personnes sont gênées lorsqu'elles reçoivent ne serait-ce qu'un compliment ou un cadeau. Or, être généreux, c'est aussi savoir recevoir et accueillir. Pourquoi est-ce si difficile parfois ? Essentiellement à cause de la peur et de la mauvaise estime de soi. Peur de l'égo d'être manipulé par l'intérêt de l'autre, de lui devoir quelque chose, de se placer dans une situation de dette, etc. Parfois on frôle la paranoïa : « Qu'est-ce que ça cache ? Mieux vaut se méfier… »

Il peut aussi s'agir d'une mauvaise estime de soi : « Je ne mérite pas particulièrement que l'on s'intéresse à moi, ni que l'on me gratifie. Et puis, en retour, en suivant le principe de réciprocité, je vais devoir m'ouvrir un peu, dévoiler des émotions, et partager une intimité, voire une vulnérabilité. Et ça n'est pas possible pour moi. Je préfère garder le contrôle. »

Donnez et pratiquez la générosité

1. En pensée

La générosité s'exprime dans la façon d'être en relation avec les autres, et nous pouvons déjà la pratiquer en pensée sous la forme de petites caresses invisibles que l'on adresse à l'autre. C'est une posture délibérée, une intention.

On peut choisir d'envoyer des mots d'amour ou de soutien à une personne que l'on aime ou qui en a besoin. D'adresser des sourires, des regards, des paroles positives virtuelles, des compliments, à une personne que l'on croise dans la rue, au bureau, etc., et que l'on trouve remarquable par son allure, sa coiffure, son attitude, etc. D'être en capacité émotionnelle choisie, de garder pour soi ses reproches, ses critiques, ses remontrances.

En ayant suffisamment de compréhension et d'espace pour prendre sur soi, lâcher prise tout en tendresse pour l'autre, et donner la priorité à la qualité et à l'harmonie du lien.

2. En acte

On met de l'attention, de l'intention, du cœur, de l'effort et de la joie dans les échanges avec les autres. On prend du plaisir à rendre les relations agréables, harmonieuses et enrichissantes. Il peut s'agir de donner de l'écoute, du temps, de l'énergie, du soutien, de la gentillesse, de l'attention… un sourire, un regard, un éclat de rire. Écouter une personne en souffrance, offrir un café à un ami, donner son sang, donner de la nourriture ou une pièce à un sans-abri, rendre visite à une personne isolée, rassurer, encourager une personne découragée, proposer son aide à une personne en difficulté, aider quelqu'un à résoudre un problème… Cela peut aussi être de réussir à pardonner.

Pardonnez

La générosité c'est aussi savoir pardonner, « donner » et « pardonner » (par-donner…) étant de très proches cousins.

Se pardonner ou pardonner aux autres est un acte courageux et responsable. Une prise de conscience que l'erreur ou la faute commise peut être acceptée et relativisée, même si elle n'est pas entièrement comprise. Par ce mouvement, nous retirons à l'autre le pouvoir qu'il exerce sur nous et nous nous délivrons de toutes les émotions négatives qui nous ligotent et nous enferment dans une petite prison – colère, jalousie, envie de vengeance, etc. Ainsi, l'ouverture de cœur qu'est le pardon a-t-elle un véritable pouvoir de guérison et de libération et nous pouvons ensuite regarder sereinement la blessure infligée dans le rétroviseur, en toute indépendance d'esprit. Pardonner est un des visages d'une sagesse profondément libératrice. Car c'est précisément de cela qu'il est question : de liberté. Le pardon est un acte de libération. Pour soi-même d'abord, et non forcément pour la personne qui nous a heurté, même si, par un effet domino, il peut aussi libérer les nœuds de la relation endommagée. Pardonner, c'est se redonner une liberté intérieure. C'est aussi un acte de compassion. C'est admettre que l'autre a fait de son mieux, avec ses possibilités et son niveau de conscience du moment. C'est donc trouver la compassion suffisante pour se mettre à sa place, et admettre que, nous aussi, dans certains autres cas, nous avons failli. *Nobody is perfect.*

« Le pardon, quel repos ! »

Victor Hugo[84]

84. Victor Hugo, *L'Art d'être grand-père* (1877), Éditions Gallimard, 2002.

Et si vous écriviez une lettre de pardon ?

Prenez une feuille de papier et écrivez une lettre de pardon à quelqu'un qui vous a blessé. Commencez par décrire la situation qui vous a fait mal, puis développez votre lettre autour de ces trois points.

– Comment et pourquoi cela vous a blessé, et continue peut-être de vous affecter aujourd'hui.

– Ce que vous auriez aimé que la personne fasse.

– Essayez d'identifier pourquoi cette personne n'a pas pu ou pas su le faire...

Puis concluez votre lettre par une courte phrase de pardon venant du fond de votre cœur.

Cette lettre doit être vraiment honnête. Souvenez-vous que c'est pour vous que vous l'écrivez, d'abord, et pour vous libérer des émotions négatives qui vous vident de votre vitalité. Vous saurez que vous commencez à pardonner quand votre cœur se libérera des émotions du bas de l'échelle, que vous pourrez revenir sur l'événement passé en étant complètement détaché émotionnellement, et ainsi monter d'un cran sur l'échelle des émotions positives.

Si vous le sentez, vous pouvez aussi l'envoyer et laisser la force du pardon opérer...

Faites la différence entre « faute » et « erreur »

Pour garder le cœur ouvert, cette distinction est très aidante. Dans la vision bouddhiste, il est question d'erreur et non de faute. Exemple : un enfant tombe de son vélo parce qu'il a fait une erreur d'équilibre. Il n'y a aucun jugement de valeur à porter : ce n'est ni bien ni mal, il est juste en train d'apprendre. C'est pareil pour nous. On peut éprouver un regret sincère pour une erreur commise, mais on répare, on réajuste et on continue dans l'idée de progression. On continue d'apprendre en faisant plus attention encore et on avance avec humilité.

La faute, en revanche, implique l'idée d'un jugement de valeur, d'un manquement à la règle morale et au devoir... D'où la possibilité d'un sentiment de culpabilité. Même si la culpabilité peut également être une émotion structurante, garante de notre conscience du bien et du mal, elle nous fait rarement avancer sur des voies de libération sympathiques et empathiques. Elle peut même être source d'enfermement, voire s'avérer complètement destructrice et cause d'angoisses inutiles.

Pour la petite histoire, s'il existe plus d'une douzaine de mots pour désigner la neige en inuit, il n'y en a pas un seul en tibétain pour exprimer la culpabilité. À méditer !

THE liste

Vous pouvez continuer l'exercice de pardon en déposant sur le papier tout ce qui vous pose problème et en faisant la liste de toutes les personnes à qui vous en voulez.

- Choisissez une personne que vous blâmez, ou avec laquelle vous êtes fâché parce qu'elle vous a blessé, humilié, menti, trahi, etc.
- Puis imaginez-la en face de vous en train de recevoir votre pardon. Essayez de vous mettre à sa place, d'éprouver ce qu'elle peut ressentir. De voir avec ses yeux, d'entendre avec ses oreilles, de ressentir avec son cœur. Que fait-elle ? Que dit-elle ?
- Et vous, que ressentez-vous à ce moment-là, comment vivez-vous cet échange ?
- Imaginez-vous vous comprendre et vous prendre dans vos bras respectifs en recevant des mots de regret.

Il s'agit de dissoudre tous ces ratages et ces blessures, dont nous portons le poids dans nos cœurs.

Une fois pardonnée, barrez le nom de la personne et passez à la suivante si besoin…

Offrez en grand !

L'*offering* est le *must* de la pratique de générosité. *Offering* signifie « offrir », dans le sens de faire des offrandes, de donner, mais aussi de s'offrir, de se dévouer, de se mettre à disposition, de servir et de remercier. C'est de l'amour, de la disponibilité, de l'attention, de la générosité, de la gentillesse tournée vers les autres.

C'est une posture qui invite à ouvrir son cœur et ses bras en grand, à embrasser le monde, et à agir comme un jour d'anniversaire inversé : en mettant l'autre à l'honneur plutôt que soi. Un véritable changement de paradigme !

Cette posture est diamétralement opposée à celle que nous pratiquons habituellement pour célébrer notre *B Day*. Elle n'est pas orientée vers soi, mais vers les autres : égocentrisme d'un côté, amour altruiste et générosité de l'autre. On les met à l'honneur dans notre cœur pour ce jour du grand don : on donne, on donne !

En mode *offering*, on donne, on embrasse, on écoute, on aide, on soutient, on détend, on réassure, on sourit, on exprime et on fait des choses gentilles, on partage, on offre des cadeaux, des fleurs, des mots doux, on fait des compliments, on dit « merci », « pardon », « je t'aime », on prend soin… On sème des graines de bonheur pour soi et pour l'autre. Le tout sans aucune attente, bien évidemment, mais pour la simple noblesse et gratuité du geste. On accueille tout ce qui nous arrive comme si on l'avait choisi. Victimisation 0 %, responsabilité 100 %. Et on kiffe !

> « Et si, se mettre à la dernière place, loin de nous faire souffrir et nous humilier, nous faisait accéder à un état d'esprit plus vaste ? Un état d'esprit qui accueille tout, sans se braquer sur le petit moi, sans se fixer sur l'état d'âme du moment… »
>
> Alexandre Jollien[85]

85. Alexandre Jollien, « Pharmacopée n° 22 », https://www.alexandre-jollien.ch/pharmacopee-n22/

Le but justement, c'est d'accéder à un état d'esprit plus vaste ; ce qui aura petit à petit un effet de reprogrammation positive de notre logiciel intérieur et de changement profond. Notre structure entière va bouger et évoluer. Nous allons non seulement changer notre schéma de pensée, en pensant de plus en plus utile et positif, mais aussi enclencher d'autres émotions, aimantes et constructives, et par là même entreprendre d'autres types d'actions sur le monde. Avec, à la clé, nombre de bienfaits pour notre corps, notre âme, nos amours et notre vie.

UN ANNIVERSAIRE EXCEPTIONNEL

La première fois que j'ai expérimenté cette posture et cette pratique de l'*offering*, j'étais en Inde, à Bodhgaya, à l'occasion de mes entretiens sur l'amour avec le maître tibétain Sabchu Rinpoché. C'était le jour de mon anniversaire. Je cherchais comment célébrer différemment cette journée. J'avais envie de nouveauté, de découvrir autre chose.

Des maîtres bouddhistes m'ont suggéré de pratiquer l'offrande, de me mettre au service des autres, de m'offrir et m'ouvrir à ce qui vient, sans attente. Une inversion totale de posture finalement. J'ai donc passé ma journée à couvrir les autres de présents de toutes sortes... Maintes pensées et attentions, maints partages, petits cadeaux, caresses du cœur, souhaits, prières... orientés vers les autres. Et tous ces sourires du cœur que j'ai pu offrir et partager au cours de cette mémorable journée ont fait naître en moi un incroyable bien-être intérieur, un sentiment de bonheur inégalé, une joie immense ! Aucune attente, aucune frustration !

Je pense que cet anniversaire-là a été l'un des plus beaux de ma vie. Je n'ai ressenti que de la joie, de l'amour, de la plénitude, une immense paix et une profonde liberté intérieure ! C'était aussi inédit que jouissif !

Cette expérience m'a ouverte à une dimension de moi-même que je n'avais encore jamais explorée, qui m'a permis de me rencontrer autrement. Depuis, je m'efforce de développer cette posture de liberté et de bonheur avec une grande assiduité, et pas seulement le jour de mon anniversaire !

Être sympa : le pouvoir de la bonté et de la gentillesse

Cucul, la gentillesse ?

Être sympa, gentil, cela vous semble un peu cucul et naïf ? Vous pensez que cela s'apparente à une marque de faiblesse ou une attitude de perdant ? Pourtant, pendant des siècles, penseurs et écrivains ont considéré la gentillesse comme une qualité essentielle et noble. La gentillesse, disait l'empereur et philosophe romain Marc-Aurèle, est « le plus grand plaisir » de l'être humain.

La gentillesse est « le caractère de quelqu'un qui est gentil, agréable, gracieux », selon le Larousse. Rien d'idiot ni de négatif à cela, n'est-ce pas ? On est tous sensibles à un sourire, un mot, un geste sympa.

La gentillesse est une des expressions de l'empathie, et ce n'est pas parce qu'on en témoigne que l'on est mou, sans personnalité, lâche ou une personne intéressée. Et si la vraie force était de revendiquer notre gentillesse haut et fort ? Oui, je suis une personne sympa et j'aime ça !

La gentillesse, c'est…

L'élégance du cœur et le socle d'un bon état d'esprit. Et le truc avec la gentillesse, c'est qu'elle est super simple à comprendre et facile à mettre en œuvre. Il suffit d'appuyer sur le bouton #bekind, « sois sympa », et hop, action immédiate ! Avec un sourire, un regard tendre, une simple écoute, on y arrive.

La gentillesse repose sur une sensibilité aux autres, sur une capacité à s'identifier à leurs plaisirs et à leurs souffrances : c'est en cela qu'elle est une expression de l'empathie. Elle est un excellent moyen pour arrêter de regarder notre nombril, pour entrer en lien profond avec les autres et se faire du bien au passage !

« La compréhension et la bonté sont un. Si la compréhension n'est pas forcément évidente, la gentillesse, quant à elle, l'est. Elle est visible et immédiate. Elle ne requiert pas autant d'éléments, ni de recours à la parole, au langage... *be kind*, être bon, c'est facile et à la portée de chacun. Tout le monde est touché par la bonté et la gentillesse. »

Sabchu Rinpoché

Les bienfaits de la gentillesse

Tout comme la bienveillance et toutes les autres qualités humanistes et altruistes, la gentillesse a des bienfaits physiologiques en ce qu'elle permet de fabriquer de petits trésors chimiques de bien-être dans tout notre organisme et de conserver un haut niveau d'énergie. De nombreuses études et publications scientifiques le montrent : l'entraînement de l'esprit à l'empathie et à l'altruisme modifie vraiment notre cerveau et notre système immunitaire, de façon fonctionnelle et structurelle. Ainsi, petit à petit, nous ne sommes plus la même personne ! Et n'oublions pas non plus le stock de dopamine, d'endorphine et de sérotonine que nous nous constituons par la même occasion !

Être sympa, c'est se faire du bien. Alors... #bekind

Maintenant, à vous de jouer !

Il s'agit bien évidemment de travailler les états d'esprit et les émotions qui vont nourrir votre bien-être et celui des autres, en remplissant vos journées de petits actes de gentillesse et de petites attentions de tous les jours, qui semblent peut-être anodins sur le moment, mais qui, jour après jour, ouvriront et agrandiront votre cœur.

Souvenez-vous :
cœur ouvert = joie, liberté intérieure et bonheur à la clé.

Souriez plus. Souriez dans vos moindres échanges, dans la rue, dans les transports, au bureau, au restaurant, à la maison... Souriez, même lorsque vous êtes de mauvaise humeur ou que vous n'avez pas le moral.

Écoutez et faites preuve de compréhension et d'empathie. Donnez de l'espace, accueillez, laissez les personnes prendre leur temps pour se raconter. C'est aussi un moyen facile pour s'entraîner à mettre son égo à distance et gagner en gentillesse.

Ayez de jolies manières. Être courtois, poli, serviable et prévenant, c'est le *must* de la gentillesse et de l'élégance, n'est-ce pas ? « Bonjour », « Merci », « S'il vous plaît », « Comment puis-je vous aider ? » (en étant sincère)... Ce n'est pas si compliqué d'être gentil si l'on fait preuve d'un peu d'observation, de respect. Et ces marques d'attention permettront à l'autre de se sentir vu et considéré.

Soyez attentif et attentionné envers tout le monde, pas seulement envers vos proches ! Rendez service, multipliez les petites attentions, aidez les autres... Développez la gentillesse et l'élégance du cœur pour le plus grand nombre, y compris pour nos amis les animaux qui méritent aussi notre respect et nos caresses.

LA GENTILLESSE EN PERSONNE

Lorsque je me trouve en présence d'une situation plus ou moins difficile, je personnifie les qualités que je souhaite développer et me pose cette question : « Si la gentillesse et l'amour étaient des personnes, que feraient-elles à ma place, comment réagiraient-elles, que diraient-elles ? »

Soyez là pour les personnes en difficulté et proposez votre aide. Il suffit de proposer un petit café à partager, d'envoyer un SMS d'encouragement, de dire un petit bonjour d'amitié ou de soutien… La posture est toujours la même : donner et faire passer les autres avant vous. Il n'y a pas d'autre façon de développer et d'agrandir le cœur.

Apprenez à partager plus, même vos desserts préférés. Faites profiter les autres de votre savoir-être et de votre savoir-faire, de vos compétences, de votre temps, de vos biens.

Pardonnez plus facilement, car pardonner, c'est se défaire du poids du passé et se libérer. Au feu, la rancune !

Maintenez une parole juste et un comportement éthique en évitant de critiquer les autres dans leur dos. Évitez aussi de juger trop vite, de réagir œil pour œil et dent pour dent. Ce n'est pas parce qu'une personne se conduit mal envers vous que vous devez agir de la même façon. Son manque d'élégance n'est pas le vôtre. Et vous n'allez pas descendre en bas de l'échelle à cause de la mauvaise conduite de quelqu'un d'autre, car ce n'est pas de votre responsabilité. La vôtre est de rester en haut de l'échelle, n'est-ce pas ? Vous le valez bien.

Soyez un exemple : apprendre sur vous-même, vous améliorer et devenir plus inspirant, voilà votre job !

Prenez soin de vos relations et enrichissez-vous ! Pour développer notre gentillesse, il nous faut prendre conscience et reconnaître l'importance de l'autre dans notre vie. Oui nous avons besoin des autres, oui nous sommes interdépendants, oui nous sommes dans le même bateau… alors autant s'organiser une belle aventure ensemble et agir en ami de bien. La route peut être longue…

LE COMPTE DE COVEY

J'imagine que vous avez un compte en banque ? Vous connaissez donc le fonctionnement de ce type d'outil : on dépose des valeurs pour constituer une réserve de trésorerie où venir puiser pour nos dépenses journalières et en cas de besoin. Lorsque vous versez régulièrement de l'argent sur votre compte en banque, vous augmentez le contenu de votre tirelire. En revanche, lorsque vous faites beaucoup de retraits sans avoir assez de réserve sur le compte, vous entrez en découvert. C'est simple et facile à comprendre.

Votre compte affectif fonctionne de la même manière qu'un compte bancaire, mais la nature des valeurs diffère : ici pas question d'argent, mais de confiance.

Ce concept a été développé par Stephen R. Covey[86] dans son livre *Les 7 Habitudes des gens efficaces* (*The Seven Habits of Highly Effective People*) pour illustrer nos dépôts et nos retraits affectifs. Ainsi, pour avoir des relations harmonieuses avec les autres, nous devons développer un bon niveau de confiance, base de sécurité de toutes nos interactions. Plus notre confiance est grande et plus notre communication est facile, spontanée, fertile, harmonieuse, joyeuse et productive, et plus nous avons de réserve sur notre compte.

D'ailleurs, comment le crédite-t-on concrètement ? Eh bien, en étant sympa, gentil attentionné, sincère, à l'écoute, authentique, bienveillant… Covey explique que, plus le degré d'intimité de la relation est fort, plus celle-ci nécessite que l'on dépose sans cesse des valeurs, du cash, sur le compte affectif, qui est alors créditeur.

À l'inverse, plus on est dans l'attente vis-à-vis de l'autre, plus on se conduit mal, plus on est désagréable, plus les réserves sur le compte ont tendance à baisser rapidement, ce qui le place en position déficitaire.

Donc pour entretenir de bonnes relations, il faut effectuer régulièrement des versements sur nos comptes affectifs. Comment ? Covey énumère six moyens :

- En s'attachant à comprendre l'autre.
- En l'entourant de petites attentions.
- En tenant les promesses que nous faisons à l'autre.
- En exprimant clairement nos attentes.
- En cultivant notre intégrité personnelle et notre honnêteté.
- En sachant présenter des excuses sincères quand on s'est trompé ou qu'on a eu tort.

86. Stephen R. Covey, professeur à l'université d'État de l'Utah, homme d'affaires, conférencier américain et auteur du best-seller *Les 7 Habitudes des gens efficaces*, Alexandre Stanké, 2012.

En saupoudrant ainsi nos relations de gentillesse, de compréhension et d'amour, nous parvenons à vivre dans le respect des lois relationnelles fondamentales, nous encourageons l'autre à s'affirmer dans ses valeurs et nous découvrons alors ce qu'il y a de meilleur en soi et en l'autre. Comme le dit si bien Covey : « Il faut sonder son cœur en profondeur, car c'est de là que découlent toutes les réponses de notre vie. »

Dire merci : le pouvoir de la gratitude

> « Soyons reconnaissants aux personnes qui nous donnent du bonheur ; elles sont les charmants jardiniers par qui nos âmes sont fleuries. »
>
> Marcel Proust

MERCI ! Cinq lettres qui nous ouvrent le cœur, nous font du bien et fleurissent nos petits jardins intérieurs.

De nombreuses études en neurosciences et psychologie positive le disent et le prouvent : la gratitude a réellement le pouvoir de nous faire du bien ! Dire merci est bien plus qu'une formule de politesse, c'est l'expression d'un sentiment de joie, voire de bonheur, qui nous remplit de satisfaction.

Cerise sur le gâteau : plus nous savons être reconnaissant, plus nous augmentons notre capital de bonheur, mais également notre capital de santé ! Et en avant les hormones du bonheur qui nous font du bien ! En effet, pour Martin Seligman, psychologue et directeur du Centre de recherche en psychologie positive de l'université de Pennsylvanie, il suffirait de repérer chaque soir trois situations, échanges, moments qui nous ont fait du bien dans la journée et pour lesquels on a envie de dire « merci », pour mettre en route la fabrication de la dopamine et augmenter notre niveau de bien-être de façon durable au bout de trois semaines.

Dans le même esprit, l'université de Californie[87] a demandé à un groupe de personnes de faire quotidiennement la liste des événements de la journée pour lesquels elles se sentaient reconnaissantes. Au bout de dix semaines d'expérience, l'état général du groupe a évolué : regard sur la vie plus positif, plus d'enthousiasme, d'optimisme et de soin de soi, un meilleur sommeil, une meilleure qualité de relation, moins de soucis de santé et de stress, une plus grande force vitale et une espérance de vie allongée !

Vous savez maintenant ce qu'il vous reste à faire au quotidien ! Dire merci, merci, merci à tous vos proches, à tous ceux qui comptent pour vous, qui vous entourent de leur soutien, de leur amour, à tous ceux qui enrichissent votre vie, qui ont pris soin de vous d'une manière ou d'une autre, qui vont ont appris, donné, rassuré, aidé, choyé, aimé…

Dire merci aussi pour plein de petits riens : un rayon de soleil, un air de musique, un câlin de son chat, le parfum d'une fleur, la chaleur d'une tasse de thé, l'odeur d'un café, quelques lignes lues dans un roman, un enseignement, un bon film, et j'en passe…

Cela peut signifier dire je t'aime à tous ceux que vous aimez et leur montrer ô combien vous appréciez tout l'amour et les autres jolies choses qu'ils vous donnent. Accorder un soin et une écoute toute particulière à nos aînés en remerciement de tout ce qu'ils ont fait pour nous, même très maladroitement. Faire preuve de compassion pour les erreurs. Offrir des cadeaux ciblés et attentionnés, de l'affection, des gestes du cœur… Pratiquer le bénévolat même. En vous investissant auprès d'associations ou d'organisations, vous pouvez en effet témoigner votre gratitude et redistribuer aux autres tout ce que vous avez reçu et pour lequel vous êtes reconnaissant. Prendre soin des autres est une façon noble d'exprimer sa gratitude, tout en augmentant au passage son capital dopamine et bonheur. Tout est dans l'intention sincère.

87. Robert Emmons, *Merci ! Quand la gratitude change nos vies*, Belfond, 2008.

Petit rituel du dîner en famille

Au cours du dîner, proposez à tous les membres de votre famille de raconter trois choses sympas qu'ils ont vécues pendant leur journée, pour lesquelles ils ont envie de dire merci. « Merci pour... » Vous serez parfois surpris en découvrant ce qui touche vos proches. Ces ouvertures de cœur sont aussi une jolie façon de mieux comprendre leur sensibilité, et de partager à un niveau plus profond et plus intime.

Votre liste de mercis

Prenez votre plus beau stylo et votre plus beau papier à lettre, et écrivez à une personne chère la liste de toutes les choses qu'elle a faites pour vous et dont vous lui êtes profondément reconnaissant(e). Dites-lui aussi à quel point vous l'appréciez et à quel point elle compte pour vous. C'est une super idée cadeau pour un anniversaire, la fête des mères ou des pères ! Les cadeaux qui viennent du cœur sont les plus beaux, n'est-ce pas ?

Votre journal de gratitude

Pour vous aider quotidiennement à garder le cap sur la gratitude, écrivez chaque soir dans un cahier au moins **trois « mercis »**, trois choses pour lesquelles vous êtes reconnaissant(e). Peut-être qu'au début vous aurez du mal à trouver quoi écrire, mais en ouvrant un peu votre cœur, vous découvrirez forcément des petites perles, comme « untel m'a appelé(e) aujourd'hui et c'était merveilleux de renouer contact avec lui », « unetelle m'a fait des compliments et c'était doux de les recevoir »... Et petit à petit, vous constaterez que cette pratique de gratitude aura d'étonnantes répercussions sur votre énergie et sur l'ensemble de votre vie.

Et bien d'autres verbes à conjuguer...

À présent, entraînez-vous quotidiennement à conjuguer vos verbes d'ouverture préférés à tous les modes et à tous les temps. Ouvrez votre cœur en grand !

Les ingrédients principaux des verbes d'ouverture sont amour, plaisir, joie, empathie, sens, engagement. Et ils sont nombreux ! On peut citer en vrac : aimer, accueillir, recevoir, embrasser, donner, offrir, soutenir, voir, écouter, rire, partager, se relier, aider, sourire, jouer, accepter, comprendre, remercier, découvrir, déployer, éveiller, faciliter, stimuler, mettre à disposition, construire, développer, servir, prendre soin, proposer, communiquer, distribuer, réfléchir, sympathiser, rencontrer, fraterniser, s'accorder, s'entendre, collaborer, échanger, cocréer, se lier, se confier, se livrer, s'unir, prier, méditer, partir, s'aérer, créer, s'épanouir, grandir…

PETITES ACTIONS ET PETITS BONHEURS POUR OUVRIR VOTRE CŒUR

Écouter une chanson, faire un câlin, bavarder avec des amis, penser à quelqu'un que l'on aime, recevoir ou donner un compliment, allumer une bougie, manger une douceur, sourire, rire, faire l'amour, offrir un cadeau, jouer avec les enfants, caresser son chien, son chat, jouer dans l'herbe, sauter dans la neige, danser, chanter, écrire un poème, prendre un bain, jouer aux cartes, dormir dans des draps propres, préparer un dîner, recevoir un mot doux, regarder le ciel, se donner du temps, lire, faire une grasse mat', boire un petit thé, partager un petit café, se faire masser, coiffer, bichonner, être assis au soleil, prier, méditer…

À vous maintenant de compléter cette liste. Attachez-vous à tout ce qui rend votre vie plus belle, soyez reconnaissant pour ces belles choses et laissez votre cœur œuvrer…

> « La planète n'a pas besoin de plus de gens qui ont du succès. La planète a désespérément besoin de plus de "faiseurs de paix", de guérisseurs, de réparateurs, de conteurs de toutes sortes. »
>
> Dalaï-Lama

Troisième rendez-vous : transformez-vous grâce à 3 RITUELS d'ouverture

#openrituals

« Pour être heureuse et en bonne santé, c'est simple : ouvre ton cœur, bois de l'eau, pense positif et souris ! Alors tu auras une bonne énergie et tout ira bien dans ta vie. Tout est énergie, tu sais… Sois juste heureuse ! »

Tels sont les mots plein de fraîcheur et de simplicité qu'un chaman de Bali a prononcés après m'avoir fait un soin énergétique, un jour où j'avais le moral dans les chaussettes. Depuis, chaque matin, pour me reconnecter à moi-même et au monde, je médite pour ouvrir mon cœur et m'établir dans un mental positif, je bois un verre d'eau et je souris à la journée qui commence. Et de matin en matin, de méditation en méditation, de sourire en sourire, cette pratique est devenue mon rituel matinal d'ouverture et de mise en route.

Résultat : chaque jour, je gagne une vitalité qui renforce et nourrit une véritable force intérieure et une joie de vivre.

Maintenant, c'est votre tour, c'est VOTRE rendez-vous, celui du premier jour du reste de votre vie.

Êtes-vous prêt à vous lancer dans une nouvelle aventure avec vous-même, une nouvelle dimension, une nouvelle façon de voir et de vivre, d'entrer en relation, d'être plus serein, en paix, de prendre plaisir à transformer et d'évoluer… ?

Avec ces 3 rituels d'ouverture, je vous invite à voyager vers plus de joie, d'amour, de force et de liberté intérieure.

Top départ !

Pour pouvoir se transformer positivement, il faut une envie forte, un objectif clair, une intention éclairée, de la régularité, de la constance, du plaisir et des récompenses (à nous la dopamine !). Et pour cela, personnellement, je n'ai rien trouvé de mieux que le rituel.

Le rituel est votre meilleur ami pour une vie « poétique ».

La magie des rituels

Qu'est-ce qu'un rituel ?

S'il n'existe pas une définition canonique du rituel, on peut dire qu'il correspond à la fois à une intention et à un acte qui, ensemble, nous relient à une autre dimension de nous-même et nous transforment. Un rituel, c'est comme un rendez-vous amoureux que l'on se donne régulièrement, qui nous fait du bien, qui donne du sens et qui nous ouvre sur de nouveaux potentiels et des champs de possibles intérieurs.

Depuis la nuit des temps, dans toutes les cultures et à travers le monde entier, les rituels nous accompagnent. On retrouve leurs traces sur les cinq continents. Même si on ne les identifie pas forcément comme tels, même si on ne les nomme pas ainsi, les rituels sont partout dans nos vies et nous structurent entièrement. On naît, on grandit et on meurt avec eux. On se lève, on petit-déjeune, on se maquille, on se rase, on prend son café, on fait son *running*, on dit « bonjour », on dit « merci », on embauche, on organise des pots de départ, des pots de retraite, on offre des fleurs, on prend l'apéro, on raconte des histoires pour endormir nos enfants…

Le rituel peut prendre des formes différentes en fonction de ce dont nous avons besoin ou envie sur le moment et du temps que l'on souhaite lui accorder, mais il sera toujours là, prêt à nous donner de la force, à nous rassurer, nous relier, nous ancrer, nous offrir plus de poésie dans notre vie et nous ouvrir… Flexible et modulable à l'infini, il s'adapte, il s'invente, il se transforme… et veille constamment sur notre bien-être et notre force intérieure.

Le rituel nous offre un vrai pouvoir d'action, de sens, d'ancrage, de repères, de force intérieure et ajoute une dose de réenchantement dans notre vie. Il met de la poésie et des couleurs sur du neutre ou du gris. C'est LE moment sacré de notre quotidien, comme le carré de chocolat avec le petit café du midi…

Il ne faut pas confondre le rituel avec… l'habitude, la routine, l'autodiscipline, les tocs, qui ne posent pas les questions du sens et du sacré.

- **Une habitude** est une manière usuelle d'être ou de faire. Exemple : « D'habitude, je prends toujours ce chemin. »

- **Une routine** se définit plutôt comme l'habitude d'agir ou de penser toujours de la même manière, en mode pilotage automatique. Exemple : « Je me brosse toujours les dents de la même manière sans y penser vraiment. »

- **L'autodiscipline :** à l'origine, ce concept grec est celui de l'effort. En cela, la discipline est proche d'une règle de vie, d'une méthode d'enseignement ou d'éducation que l'on se fixe à soi-même en vue de s'améliorer et d'atteindre les buts que l'on s'est fixés. Exemple : « À force de discipline, j'ai pu gagner en concentration et entrer dans l'armée. »

- **Les tocs** sont des troubles anxieux qui se traduisent par des obsessions et des compulsions. Il s'agit de pensées, de gestes répétitifs, de comportements que l'on ne peut pas s'empêcher de réaliser. Exemple : « Je sais que je n'ai pas à vérifier quatre fois que j'ai bien fermé la porte à clé, mais c'est plus fort que moi. »

ZOOM SUR NOS CHÈRES HABITUDES

Nous sommes des êtres d'habitudes. Notre cerveau les adore puisqu'il aime schématiser tout notre comportement. Cela lui simplifie la vie. Elles représentent 40 % de nos comportements quotidiens[88], ce qui signifie qu'elles façonnent entièrement notre existence.

Leurs bienfaits : elles favorisent le sentiment de sécurité vis-à-vis des événements extérieurs, nous cadrent, nous rassurent, nous font gagner du temps. Elles nous allègent du processus anxiogène de décision et libèrent ainsi de l'espace dans notre disque dur interne, c'est-à-dire notre cerveau. Résultat : baisse de notre dose de stress et gain de temps. Mark Zuckerberg, le fondateur de Facebook, dit porter les mêmes vêtements tous les jours pour se concentrer sur les décisions plus importantes qu'il doit prendre au quotidien.

Si nous réussissons à changer nos habitudes, nous changeons notre vie. Et de la même façon, si nous réussissons à transformer nos habitudes en petits rituels sacrés, nous réenchantons notre vie. « Sacré » vient du verbe latin *sancire*, qui signifie « rendre inviolable ». Aussi, introduire un rituel dans votre quotidien, c'est créer ce moment non négociable, à vous et pour vous, qui répond à vos besoins et à votre aspiration personnelle.

Pour moi, méditer tous les matins n'est ni une habitude ni une routine, mais bien un rendez-vous sacré, rempli d'un sens particulier qui m'est propre. C'est un mode de préparation et de

88. Gretchen Rubin, *Better Than Before: Mastering the Habits of Our Everyday Lives*, Crown Publishers, 2015.

connexion intime. Une façon de me relier à moi-même, aux autres et au monde, et de m'ancrer, qui me permet de m'entraîner chaque jour à ouvrir et pacifier mon cœur, à me construire un mental et une force intérieure plus positifs et plus solides…

Les bienfaits des rituels

> « Trouvez-moi un point d'appui et je soulèverai le monde. »
>
> Habituellement attribué à Archimède

Les rituels permettent de soulever notre monde ! En offrant une alternative au mode défensif de notre programmation de survie, ils permettent de basculer en mode ouverture et sécurité. Éléments à la fois cadrants et sécurisants et outils de croissance, ils nous rendent plus performants, autonomes, maîtres du jeu, créatifs, joyeux et heureux. À force d'entraînement et de répétitions, ils nous aident à dépendre de moins en moins des événements extérieurs pour trouver et installer notre équilibre intérieur.

Inspiration : Benjamin Franklin, l'un des Pères fondateurs des États-Unis et inventeur du paratonnerre, avait deux rituels phares.

- **Premier rituel :** il travaillait nu tous les matins pendant une heure dans sa chambre. Convaincu des vertus de l'air frais, il appelait ce rituel le « bain froid ». Ce rituel était censé fortifier son corps et son esprit.

- **Deuxième rituel :** il commençait et terminait ses journées par ces deux questions : « Que vais-je faire de bien aujourd'hui ? » et « Qu'ai-je fait de bon aujourd'hui ? ».

Pensez-vous rituels ?

Et vous, avez-vous déjà des rituels que vous chérissez? Si oui, lesquels ? Connaissez-vous les réponses aux deux questions suivantes : « Pour quoi (pour quel résultat) et pourquoi (pour quelle raison) les faites-vous ? »

Si oui, déjà, bravo !

Si non, avez-vous des petites habitudes qui vous font du bien ? Vous pouvez dans un premier temps commencer par les identifier et en faire une liste. Dans un second temps, vous pourrez les transformer en petits rendez-vous sympas, en mode rituels.

Parfois, nous n'avons pas à introduire de nouvelles habitudes ou à caser de nouvelles choses dans nos agendas déjà surchargés pour penser et pratiquer un rituel. Nous avons juste à mieux prêter attention à ce que nous faisons, à changer notre regard et notre sensibilité sur nos habitudes du quotidien, à les voir autrement et à injecter des notions de qualité et de valeur. Dès lors, nous pouvons transformer nos habitudes en rituels. Pas besoin d'encens, de bougies ni de cercles de grains de sel ! Si la conscience est présente, un geste anodin et routinier peut se transformer en petit moment de bonheur, en un rituel rempli d'une beauté et d'un sens nouveaux.

Une petite dose de couleur, de sens et de sacré… et c'est tout bon ! Vive nos petits rituels qui nous rendent la vie plus poétique. #Thinkritual

Deux conditions nécessaires pour penser et vivre en mode rituel

Une intention claire et déterminée

La première condition est d'**être dans l'intention sincère de nous faire du bien et d'ouvrir esprit et cœur**. Car tout part toujours d'une intention. Tous les jours, sans même nous en rendre compte, nous avons plein d'intentions. Par exemple, vous avez l'intention d'aller faire vos courses au supermarché du coin à telle heure, et ensuite, vous le faites tout naturellement. L'air de rien, votre intention a créé votre réalité.

L'idée maintenant est d'être plus conscient de vos intentions et d'en poser certaines pour avancer le mieux possible sur le chemin d'une plus grande ouverture pour vous-même, pour les autres et pour votre vie en général.

Légèrement différente du désir ou du rêve, une intention est **une décision, un mélange** de motivation, de focalisation, d'orientation particulière, de désir et de souhait.

Elle agit comme **une force dirigée émanant de nous**.

Dans la tradition du Tao, elle est liée au Qi chinois (= énergie), qui est censé englober tout l'univers et circuler dans tous nos méridiens. Nous nous concentrons sur ce que nous voulons et nous projetons notre Qi intérieur vers l'extérieur. En travaillant ainsi, nous mobilisons toute notre énergie vitale, nous faisons agir la volonté de cet élan intérieur vers l'extérieur. L'intention part du cœur et évite de partir du mental, car cela empêcherait l'intention de se mettre en place.

L'intention est un outil extrêmement puissant à l'origine de toutes nos actions. C'est une orientation et un acte ; c'est diriger toute son attention dans une direction précise, pour un but précis. Mais à la différence de l'objectif, l'intention ne doit pas s'attacher au résultat.

J'y mets du cœur, du sens, une orientation particulière, puis je lâche. J'ouvre et j'offre ! Arrivera ce qui arrivera, et quand ça arrivera, la confiance sera le maître mot.

OUVREZ LA CAGE AUX OISEAUX

Nos intentions ou nos « pensées-souhaits-projets » sont comme des petits oiseaux en cage : nous nous autorisons parfois à ouvrir la porte de la cage, mais dès que les oiseaux prennent leur envol, notre raison prend un fusil et, boum, elle leur tire dessus avant même qu'ils aient atteint le ciel, par peur ou par manque de confiance.

Évitez de vous saboter ! Permettez au contraire à vos oiseaux-intentions de planer tout là-haut dans l'azur de vos espérances. Prenez bien soin de vos petits oiseaux-intentions : ils vont faire leur chemin… pour un plus grand bonheur.

Posez vos intentions

Voici un petit exercice qui vous aidera à poser vos intentions d'ouverture de cœur et d'esprit. Complétez les phrases suivantes :

- « Aujourd'hui, mon intention est… »
- « Ce mois-ci, mon intention est… »
- « Cette année, mon intention est… »
- « Dans ma vie en général, mon intention est… »

Posez chaque intention de façon claire et sincère, avec la volonté d'ouvrir plus intensément votre esprit et votre cœur. Portez toute votre attention sur vos pensées et vos émotions. Alignez-vous le plus possible sur les énergies élevées d'amour et de joie ; ainsi, tout pourra venir contribuer à vous faire cheminer sur cette voie de *better life*.

Une mise en acte régulière et constante

La seconde condition est de se mettre en mouvement et en acte de façon régulière et constante. Il va vous falloir agir concrètement, vous entraîner avec régularité et sur la durée. Vivre vos rituels chaque jour et ne pas vous perdre en cours de route pour enclencher le processus de transformation intérieure. Il s'agit avant tout de développer un nouvel état d'esprit plus positif et ouvert pour concrétiser tout un potentiel de bonheur et d'adaptation.

Il n'est donc pas ici question de volonté, de gros efforts à faire ou de talent particulier à acquérir, mais de constance et de régularité. « Le talent n'est pas accordé par le ciel, et faire des efforts ne signifie pas obligatoirement souffrir et serrer les dents… Ce qui compte dans le changement, c'est la constance[89] ».

OBJECTIF 66 JOURS[90] !

Une croyance populaire établit à 21 jours le temps qu'il nous faut pour adopter un nouveau comportement. Cette idée vient d'un livre à succès, *Psycho-Cybernetics* (1960), de Maxwell Maltz, un chirurgien qui avait observé que ses patientes mettaient environ 21 jours pour s'habituer à leur nouveau visage, après une opération du nez par exemple. Ce mythe s'est répandu comme une traînée de poudre. Malheureusement, selon une étude de l'University College London, cette durée serait largement sous-estimée.

Les scientifiques qui ont conduit la recherche publiée dans *l'European Journal of Social Psychology* ont demandé à 96 personnes de changer une habitude quotidienne – par exemple manger un fruit ou faire un jogging – tous les jours à la même heure pendant douze semaines. Résultat, le temps que les participants ont mis pour adopter un nouveau comportement a varié entre 18 et 254 jours. Toutefois, une moyenne a été observée à 66 jours.

Il vous faudra donc près de deux mois pour changer une nouvelle habitude ou installer un nouveau rituel bien-être.

89. Fumio Sasaki, *Ces habitudes qui font grandir votre talent*, Guy Trédaniel Éditeur, 2020.
90. Article Slate : www.slate.fr/story/198802/voila-le-temps-necessaire-pour-perdre-une-mauvaise-habitude

Gardons dans notre viseur que la recette du succès est un mélange de personnalité, de motivation, de circonstances et de patience.

Il faut en faire tous les jours un petit peu, **en cultivant les astuces de rappel**, avec ces objets qui nous facilitent le chemin et protègent nos intentions comme de petits talismans contemporains (par exemple post-it, mug, bracelet, petit mot caché…). Il ne faut pas sous-estimer les effets mobilisateurs de ces objets susceptibles de nous aider à garder le cap et à accomplir ce que l'on a à accomplir… Ce sont de véritables alliés.

Adoptez également **la stratégie bienveillante des petits pas**. Acceptez d'avancer petit à petit. Ayez le moins d'attentes possible, de la mesure, de la patience, de la bienveillance, de la confiance et de l'endurance tranquille.

En cultivant tous ces petits instants du quotidien qui nous apportent de la joie, nous nourrissent, nous rééquilibrent et nous fortifient, nous donnons vie progressivement à une plus grande ouverture. D'abord pour nous, puis, en la faisant vivre à l'extérieur de nous, pour l'ensemble de notre environnement.

Les 3 rituels *OPEN* d'ouverture

« Nous sommes ce que nous faisons de manière répétée. L'excellence n'est donc pas un acte, mais une habitude. »

Aristote

Voici les trois rituels d'ouverture que je vous propose. Ils vont vous permettre de développer votre ouverture d'esprit, votre ouverture de cœur et votre ouverture « spirituelle ». Pour ne pas nous tromper sur ce mot, je vous invite simplement à suivre le sens universel qu'il revêt dans toutes les traditions de sagesse. D'après son étymologie, ce mot désigne « ce qui est de l'ordre de l'esprit ». Ainsi, considérons simplement la spiritualité comme une expérience d'éveil et de plénitude qui amène une connexion profonde avec tout ce qui vit.

Devenir des collectionneurs de moments réussis

Par la pratique de ces trois rituels, nous allons viser un bonheur accessible ici et maintenant, grâce à une belle qualité de présence, une reconnaissance et une jouissance de tous ces petits moments que nous vivons dans une journée.

Les moments sont la matière avec laquelle nous pouvons transformer le plomb en or. À nous d'appuyer sur le bouton *on* de l'ouverture intérieure, de nous ouvrir à la situation et de la rendre fertile et agréable. Cela est possible à chaque instant. Et un instant + un instant + un instant... = une journée !

Une belle journée

Pour passer une belle journée pleine de sens et de potentiels, chacun des moments aura son rituel dédié et adapté. Parce que chaque moment de la journée a une fonction, un rythme et une énergie particulière.

Il s'agit donc de suivre intelligemment la course du soleil pour prendre soin de notre horloge biologique interne et nous mettre en phase avec le mouvement naturel de l'alternance jour/nuit, avec les fameux rythmes circadiens dont dépend notre bien-être.

La chronobiologie, dont l'étude porte sur les rythmes biologiques, met en avant l'importance de synchroniser l'horloge biologique interne avec la rotation de la Terre autour du Soleil, selon un cycle auquel sont soumis tous les êtres vivants, y compris les végétaux. Nous faisons partie d'un ensemble plus large et plus mystérieux que notre petite personne, nous ne sommes séparés ni de Mère Nature, ni des éléments cosmiques, ni de la société des hommes.

Il s'agit donc de prendre en compte ces rythmes naturels, de les intégrer et de réussir à surfer sur eux comme on surfe sur une vague, afin de développer un bien-être favorisant une capacité d'ouverture bien plus grande. De cet alignement, nous tirerons plus d'ancrage et de force. Que du bon sens ! #adaptation

Le matin : #commelesoleil, votre rituel n° 1

L'énergie du matin

Chaque matin, c'est une renaissance, une page blanche. Avec la lumière qui réapparaît, tout redevient possible. C'est LE premier moment, celui qui ouvre la journée. C'est le moment de notre remise en route, et aussi le seul moment que nous pouvons maîtriser. Après, tout sera aléatoire et imprévisible. Le matin, c'est du « sûr » : on peut anticiper, se projeter, prévoir, organiser. Ce moment qui ouvre la journée est idéal pour semer des graines d'optimisme et d'ouverture, car tout ce qui n'aura pas déjà été planté le matin aura plus de mal à germer et éclore pendant la journée. Des recherches récentes montrent que notre humeur matinale a un impact sur la qualité de notre journée et sur notre « productivité ».

Pour se sentir maître de sa vie et passer une bonne journée, il est essentiel de prendre soin de soi dès le matin, de se faire plaisir et d'ouvrir son cœur pour réussir à être moins anxieux, plus en confiance et plus en joie. Il n'y a pas de sécurité intérieure ni de joie, ni de plaisir sans ouverture de cœur !

Nous allons donc d'entrée de jeu nous dire « bonjour » pour nous reconnecter à nous-même et nous donner la priorité. Puis, nous allons ouvrir notre cœur à la vie et aux autres, nos compagnons de route de cette vie, histoire de nous réinstaller dans ces liens précieux d'interdépendance. Ensemble, on est plus forts.

Votre rituel

- État d'esprit et intention de votre rituel

Faire vibrer et rayonner un soleil intérieur afin de vous ouvrir à vous-même, aux autres, à la vie et aux énergies positives. Dès les premiers instants de la journée, peu importe la météo extérieure et la grisaille, hop, *positive thinking*, reconnexion à votre force intérieure. Cela vous paraît peut-être simple mais, pour moi, c'est le plus important des rituels. Il est marqueur de conquête, de maîtrise, de rayonnement et d'ancrage. Vous allez l'instaurer fièrement chaque matin, comme un drapeau symbolique de victoire que l'on plante sur une montagne.

Qu'il fasse beau ou non, vous ferez briller le soleil à l'intérieur de votre corps, vous vous ferez du bien, et vous ferez du bien aux autres.

- Durée : De 1 à 3 minutes maximum

- Déroulé de votre rituel

Dès les premiers instants de votre réveil, asseyez-vous dans votre lit et prenez le temps de vous dire bonjour, de donner une orientation positive à votre mental et d'ouvrir votre cœur.

Faites trois grandes respirations conscientes et, avec un large sourire intérieur et beaucoup de tendresse, dites-vous : « Bonjour moi, bonjour la vie ! ». Saluez-vous ainsi avec une profonde considération et une joie sincère, comme si vous vous adressiez à votre meilleur(e) ami(e).

Continuez à respirer profondément. À l'inspiration, **remplissez-vous de sourires, de respect, de tendresse, de sérénité**, tout ce qui vous fait du bien et vous réjouit. Ressentez l'estime, le plaisir et la joie que cela vous procure. Laissez ces sensations se diffuser dans tout votre corps. Injectez ce positif dans toutes vos cellules.

À l'expiration, **imaginez que vous évacuez tout le négatif en vous**, tout ce qui vous angoisse et vous encombre : stress, peur, ras-le-bol, anxiété, impatience, tristesse, solitude, etc.

Puis pensez au soleil dans le ciel. Imaginez que vous pouvez le faire entrer en vous depuis le sommet de votre crâne et le fondre à l'intérieur de votre corps. Sur son passage, lentement, il vous inonde d'une douce chaleur et d'une lumière dorée qui se répand progressivement dans tous vos membres, votre tête, votre cou, vos épaules, vos bras, vos mains, puis votre poitrine, votre ventre, votre bassin, vos jambes, vos pieds… Sentez les particules de ce soleil intérieur qui s'agitent et dansent dans votre corps. **Respirez, souriez, prenez votre temps pour ressentir les bienfaits de ce soleil intérieur et le bien-être qu'il vous apporte.** Tout est devenu spacieux, lumineux, confiant et serein en vous. Vous êtes devenu LE SOLEIL, majestueux et brillant de mille feux. Si vous avez du mal à visualiser, vous pouvez vous aider d'un support visuel, comme par exemple une jolie photo inspirante de soleil.

Emplissez-vous de son énergie et de sa lumière, puis **imaginez que celles-ci irradient autour de vous**, se diffusent sur vos proches, votre environnement extérieur et, si vous le sentez, sur toutes les personnes en souffrance qui ont besoin de votre énergie positive à travers vos rayons de soleil.

Posez une intention pour vous et pour tous ceux que vous voulez inclure. Par exemple, « Puissé-je, puissions-nous trouver la joie, la sérénité, la santé, le force intérieure, l'amour… ». Cette intention va vous accompagner tout au long de la journée.

Envoyez votre paix, votre force, votre amour à cette humanité fragile, à cette planète ! En commençant ainsi la journée à partir de votre énergie lumineuse partagée avec les autres, vous ouvrez et vous agrandissez votre cœur, et vous augmentez votre potentiel de joie de vivre et votre solidité intérieure.

Concluez par un grand sourire intérieur et, si vous le sentez, souriez à la vie avec gratitude pour cette nouvelle journée de vie qui vous est donnée. Si vous êtes croyant, enchaînez avec votre prière et votre cœur sera complètement ouvert. Puis, levez-vous et allez boire votre premier grand verre d'eau fraîche pour nettoyer les toxines de la nuit. Boire de l'eau à jeun est un premier geste de santé et d'amitié pour votre corps.

Enfin, pour compléter l'exercice de connexion positive et d'ouverture complète, en incluant l'énergie de votre corps, vous pouvez terminer par une pratique de Do In. Le terme *Do In* provient des termes japonais *do*, qui signifie « la voie », et *in*, qui veut dire « énergie ». Le Do In désigne donc la voie de l'énergie. On frictionne, on frictionne ! Commencez par frictionner vos deux mains jointes jusqu'à ce que vous ressentiez de la chaleur. Puis, élargissez vos frictions sur l'ensemble de votre corps. Frictionnez vos pieds, vos jambes, votre ventre, vos fesses, le bas de votre dos, votre torse, vos bras, votre cou, votre tête, vos cheveux. **Frictionnez comme si vous vouliez vous dépoussiérer, réveiller votre énergie et ouvrir tous vos chakras !** Sentez-vous combien l'énergie vitale est réactivée ?

- Que va produire votre rituel ?

La pratique de ce rituel va produire des changements positifs en vous-même : ouverture de cœur, tendresse, confiance, force intérieure et altruisme. En musclant par là même votre capacité d'empathie et de solidarité avec les autres, vous verrez également des changements positifs dans vos relations avec les autres. Ce rituel va vous orienter vers une expansion intérieure et vous aidera à éliminer certaines difficultés que vous portez en vous, à dissoudre certaines barrières intérieures et à développer une nouvelle dimension de votre être. Il faut le pratiquer au moins deux mois d'affilée, voire durant toute sa vie.

Enfin, ce rituel va ouvrir votre journée avec des influences positives que vous pourrez redonner à ceux qui vous entourent. Effet boomerang : ce que nous donnerez aux autres vous reviendra toujours…

Alors qu'est-ce que 3 minutes dans une journée si cela peut vous faire autant de bien ?

VOS 3 ALLIÉES DE CHOC ET DE CHARME

- **La respiration.** C'est LE fil rouge qui va vous permettre de vous ouvrir et/ou de reprendre le contrôle de votre esprit et de vos émotions. Personnellement, parfois, pour dépasser stress et angoisse du réveil, je ralentis volontairement le rythme de ma respiration. Plus nous ralentissons notre respiration, plus nous apaisons nos pensées parce qu'il existe une connexion directe entre les deux. Essayez dès maintenant et constatez. Inspiration et expiration lentes et profondes…
- **La visualisation** est une faculté naturelle qui va vous permettre de reprendre le pouvoir sur votre mental et de vous brancher à sa capacité créatrice. Le cerveau fonctionne par images et ne fait pas la différence entre le réel et l'imaginaire. La visualisation permet donc de vous mettre dans une disposition positive en convoquant des images inspirantes et optimistes et des sensations agréables. L'objectif est de ressentir le plus possible l'émotion positive que vous convoquez, afin d'agir sur la chimie de votre corps et de votre esprit, et ainsi, jour après jour, de vous transformer tout en douceur.
- **L'eau**, élément boosteur et purificateur par excellence ! Elle nettoie, transporte et fait circuler pour notre bonne santé. Adoptez un nouveau réflexe : buvez de l'eau ! Dès que vous rencontrez un moment de stress et que vous ressentez des émotions négatives comme la colère, la peur, la tristesse, buvez une gorgée d'eau et visualisez comment, grâce à elle, vous êtes en train d'éliminer ce stress ou ces émotions, au sens propre comme au sens figuré.

La journée : #offering, votre rituel n° 2

L'énergie de la journée

C'est le temps de l'action, de l'opérationnel, du travail... Nous devons réfléchir, choisir, décider, faire, agir. Les principaux enjeux de la journée sont d'abord de conserver l'élan d'énergie vitale impulsé le matin et de maintenir cette énergie la plus ouverte et la plus positive possible tout au long de la journée, de savoir mieux gérer les émotions négatives et d'apprendre à lâcher prise sur les difficultés rencontrées. Restons ouverts ! Pour maintenir et prendre soin de notre ouverture, nous allons passer par l'autre : nos collègues, nos amis, notre famille, nos interlocuteurs de toutes sortes...

Votre rituel

- État d'esprit et intention de votre rituel

Entretenir, maintenir l'ouverture de cœur mise en place le matin grâce à de petites offrandes par-ci, par-là, et aux pouvoirs de la générosité et de la gentillesse. Souvenez-vous :

cœur ouvert et généreux = joie et bonheur
cœur fermé = solitude et tristesse

L'ouverture de cœur, comme vous le savez, passe obligatoirement par l'autre. Tous liés et interconnectés. L'autre est notre salut. Dans les moments de fatigue, de stress ou de déconnexion, il s'agit de se ressourcer et de retrouver une énergie positive grâce à de petites actions d'ouverture et de générosité. La simple intention d'être généreux provoque une modification neuronale positive. Ainsi, en vous exerçant à la générosité, non seulement vous vous faites du bien, mais vous œuvrez aussi à rendre le monde meilleur en renforçant les liens harmonieux avec autrui.

C'est un cercle vertueux.

- **Durée** : 1 à 5 minutes par-ci, par-là…

- **Déroulé du rituel. Au choix** :

Offrez par la pensée. Dans un premier temps, afin d'enclencher un nouvel état d'esprit d'ouverture, cultivez la générosité et la gentillesse en pensées. Adressez des pensées de partage aux autres. À chaque fois que vous vivez un joli moment, que vous savourez un délicieux repas, une douce douche bien chaude, un petit rayon de soleil, une bonne tasse de thé, un joli partage avec un ami, un bon livre… partagez-le mentalement avec les autres, en l'offrant à ceux que vous aimez ou, plus largement, à la Terre entière !

Par exemple, la prochaine fois que vous dégusterez un bon fondant au chocolat, savourez-le et partagez-le mentalement : « Je partage cette douceur avec tous et je fais le souhait que chacun puisse avoir ce même petit bonheur… ». Ouverture de cœur et détente assurées !

Offrez en actions. Une fois par jour, avec authenticité et gratuité, faites une action toute simple pour exprimer votre générosité et votre gentillesse : écrivez un petit SMS bienveillant et attentionné, faites un compliment sincère, appelez une personne juste pour lui faire plaisir, soutenez un projet, offrez votre place, un petit café, retenez une porte, écoutez plus attentivement les autres, ayez des petites attentions, des petites délicatesses. Fabrication de dopamine assurée !

- **Que va produire ce rituel ?**

Joie, estime de vous-même et liens renforcés avec les autres. Après avoir effectué votre action généreuse, prenez un temps pour vous honorer et accueillir les sensations et les émotions positives qui en découlent. C'est bon de sentir qu'on est quelqu'un de bien, n'est-ce pas ? Au passage, vous pourrez aussi recevoir plein de petites douceurs de la part des personnes avec lesquelles vous interagissez de la sorte, réduisant ainsi votre sentiment de solitude ou d'éloignement. Petits cadeaux, patience et confiance…

Donnez-vous du temps pour que la succession de vos actions finisse par influer sur votre état d'esprit et l'ensemble de votre vie.

> « Si tu veux être aimé, aime. »
>
> Sénèque

Le soir : #merci, votre rituel n° 3

L'énergie du soir et de la nuit

Le soir, alors que la journée s'achève, vient le temps du bilan, de la souveraineté du corps et du ralentissement de l'activité mentale. Il n'est plus temps de penser, disent les sages. Fatigué par sa journée, notre cerveau a besoin de se débrancher, et notre corps de refaire le plein d'énergie. Comment ? En dormant, tout simplement. C'est le rôle essentiel, fondamental et vital du sommeil.

Pour se préparer à passer une bonne nuit de récupération et de restauration, nous devons mettre à distance les soucis du jour et du lendemain. Super challenge ! Le soir, c'est aussi le temps de la convivialité, des petits repas en famille ou entre amis, du partage, de la détente et des rendez-vous « petites séries sous le plaid ». La fin de journée est un temps qui prépare au sommeil et à la nuit réparatrice… Chuuuut.

Votre rituel

- État d'esprit et intention de votre rituel

Apaiser des tensions ou des enjeux de la journée, retrouver votre axe d'alignement avec votre vie en vous ouvrant à la gratitude. Même si vous considérez la gratitude comme compliquée et difficile. L'acceptation conduit à l'apaisement et à la réouverture du cœur. Exprimer sa gratitude, c'est ouvrir son cœur à la satisfaction, au contentement, à la sérénité et à l'amour de la vie en incluant ses deux visages : l'harmonie et le chaos. Posez-vous, détendez-vous, reliez-vous et remerciez.

Le sentiment de sécurité, de sérénité et de bonheur ne peut advenir que par la tendresse, l'empathie pour l'autre et la reconnaissance de notre vulnérabilité. La pratique de la gratitude est un excellent amplificateur de tendresse. Aussi, pour renverser notre tendance à nous renfermer et à nous durcir face à l'adversité, il existe un ancien rituel tibétain très puissant : la méditation du Tonglen. Celle-ci nous aide à nous ouvrir en nous permettant de cultiver l'amour et la compassion à l'égard de nous-même et d'autrui. Au lieu de rester focalisé sur nos problèmes personnels, elle nous permet de nous relier à tous nos semblables, de compatir, de leur dire merci et d'envoyer du réconfort et de la joie. Ainsi, notre tendance autocentrée, source de tensions et de souffrance, se dissipe, notre cœur s'ouvre à nouveau et un sentiment de mieux-être et de douceur peut à nouveau prendre place.

- Durée : 2 minutes

- Déroulé de votre rituel… en deux mouvements

Out! Dans un premier temps, prenez le temps d'éliminer vos tensions parasites de la journée : évacuez vos râleries, vos émotions négatives, votre fatigue en couchant sur une feuille de papier tout ce qui vous fâche ou vous angoisse. Écrire permet d'extérioriser et de créer un airbag émotionnel. Une fois expulsées, vos tensions internes perdront de leur pouvoir de nuisance. Alors sortez tout ! Vous serez moins tendu, moins dans l'émotionnel. Cela apaisera votre esprit, calmera vos pensées et rouvrira votre cœur. Respirez…

Lorsque vous aurez ainsi récupéré suffisamment d'espace en vous, vous serez en mesure de passer une bonne soirée, seul ou avec vos proches. Souvenez-vous : votre challenge est de collectionner un maximum de moments réussis, donc… #open !

In ! Dans un second temps, placez-vous en mode gratitude, faites un *replay* du positif de votre journée, et identifiez trois mercis @…

Par exemple, au choix, merci @la vie, @la nature, @une personne, @vous-même… Même si la journée a été vraiment difficile, il y a forcément toujours un ou deux mercis à adresser. L'idée est d'aller à la chasse aux petits moments de bonheur pour en retirer de la conscience, de la gratitude et de la satisfaction. Notez ces trois mercis dans un petit carnet, sur une feuille de papier ou bien dans votre téléphone portable.

Le temps de quelques secondes supplémentaires, gravez intérieurement les sensations de plaisir et de bien-être procurées par vos mercis. Inspirez profondément, remplissez-vous, nourrissez-vous émotionnellement de ces petits cadeaux qui ont illuminé votre journée. Puis, expirez et remerciez avec un cœur tendre. Si vous le sentez, laissez-vous aussi aller à sourire.

L'idée est d'ouvrir votre cœur, afin de vous entraîner à voir aussi le bon côté de la force, contrecarrer la tendance naturelle de votre esprit à voir le côté négatif, et ainsi vous préparer à un meilleur sommeil.

• Que va produire ce rituel ?

Harmonie, sérénité, optimisme et meilleur sommeil ! Ce rituel est très important pour gagner la bataille au long court du positif et de l'optimisme contre le négatif, le découragement, la déprime, l'ennui, le désenchantement, le chaos... Avec cette pratique de gratitude, vous allez apprendre à changer de regard sur votre vie, à développer une représentation générale plus positive, à repérer davantage les événements positifs de votre vie, à mieux résister au stress, à mieux orienter votre attention vers ce qui vous fait du bien et ce qui vous fait plaisir et à augmenter votre degré d'empathie.

De plus, la gratitude est bénéfique pour la confiance en soi car elle augmente le sentiment d'appartenance, nous dit le psychiatre Christophe André.

Bref, vous avez tout à gagner à pratiquer la gratitude !

ÉPILOGUE

> « En vérité, il n'y a que deux mots dans le langage de l'âme : la Peur et l'Amour. La peur est l'énergie qui contracte, referme, attire, court, cache, entasse et blesse. L'amour est l'énergie qui s'étend, s'ouvre, envoie, reste, révèle, partage et guérit. »
>
> Dalaï-Lama

17 h 52, Gare du Nord, direction Londres.

À l'heure où je termine l'écriture de *Open*, les sirènes des voitures de police résonnent partout dans les rues de Paris. On vient de l'annoncer : confinement 2, le retour. Nouveau *lockdown* comme disent nos amis anglo-saxons (*lock* = « serrure », « fermé à clef » et *down* = « bas »).

Ce livre, j'en avais eu l'idée un an auparavant sur les hauteurs d'une montagne lors d'une séance de méditation très inspirée. Ce jour-là, tout là-haut, assise face à l'immensité du paysage et la beauté du ciel, j'avais été frappée par une évidence : tout ça pour elle ! Tous ces pas précautionneusement posés les uns après les autres sur ce sol rocailleux, à gravir cette montagne, le souffle court à cause de l'altitude, toutes ces heures passées sur le coussin à méditer et flirter avec mon silence, toutes ces heures de thérapies accumulées à rencontrer et apaiser mes souffrances. Toutes ces heures d'étude, de lecture, de recherche, d'efforts pour récupérer chaque jour un peu plus d'espace, de joie, de paix intérieure et d'amour. Toutes ces heures à me nourrir délibérément de sourires, de tendresse, d'art, de musique, de nature, de contemplation, d'émerveillement. Toutes ces heures à faire bien attention de prendre soin, d'échanger et de partager des moments d'amour et d'amitié… Tout ça pour elle ! Pour cette ouverture intérieure-là, ce « Sésame ouvre-toi » du bonheur qui apporte détente et harmonie, grâce à laquelle on se sent réconcilié de tout.

Et puis, me revoilà, un an après, dans ce train qui m'emmène de l'autre côté de la Manche pour rejoindre précipitamment un amoureux avant les premières heures du *lockdown*. Ce virus microscopique ferme encore une fois les volets du monde et va encore nous rendre la vie plus dure.

L'écriture de *Open* est décidément un étrange voyage, depuis son inspiration du haut de cette montagne. Drôle de *timing* dans une étrange période quand même. Commencé au début du premier confinement, je l'ai terminé le jour J de ce nouveau mouvement vers la fermeture. Et pour tout vous dire, son écriture a un vrai petit air de *Javanaise*, parce que, « j'avoue, j'en ai bavé »…

Tout au long de ces quelques mois, j'ai traversé complication sur complication, difficulté sur difficulté, professionnelles, financières, affectives… la totale ! Florilège de peur, d'angoisse, de ratages, de séparations, de déceptions, de blessures, tout cela avec l'impression désagréable d'évoluer dans des montagnes russes.

Mais l'ouverture m'a sauvée ! C'est en gardant en mémoire que l'énorme pouvoir que nous avons toujours en notre possession est la « plasticité » de notre esprit que je me suis acharnée à la travailler avec ce mot magique : *open* !

Alors oui, pour aujourd'hui, *for now*[91], il va falloir mettre la gomme et augmenter la dose des entraînements et des pratiques pour

91. Clin d'œil à Sabchu Rinpoché, qui rappelle toujours cette loi d'impermanence. Instant après instant…

réussir à s'ouvrir encore plus à la situation de crise, afin de la traverser et de s'en rendre maître, la tête haute et le cœur préservé.

Mais, sérieusement, y a-t-il une autre alternative ?

Le mot « crise », en chinois, se dit *wēijī*. Il est composé des caractères *wēi* et de *jī*, qui signifient respectivement « danger » et « opportunité ». Fascinant, ce mot qui inclut son antidote dans sa propre composition. D'un côté, la peur et, immédiatement, de l'autre côté, sa résolution. La résilience et l'action en un seul mot. Cet idéogramme incarne à lui seul notre longue marche face à notre destin. Impermanence, alternance depuis la nuit des temps, peur et dépassement, maîtrise et conquêtes…

J'ai appris une chose de toutes mes précédentes tempêtes : c'est en restant ouverte que j'ai pu les traverser, les transformer, les rendre fertiles et les vivre comme de nouvelles opportunités. Dans le cas inverse, je me condamnais moi-même à demeurer une triste victime. Nous le savons tous, une vie sans problèmes n'existe pas. Chaque jour apporte son lot de petites et de grandes difficultés, de douleur et de joie, mais il ne faudrait pas oublier une seule seconde que notre sentiment de bonheur et notre capacité de rebond vont naître uniquement de notre état d'esprit.

En mode ouverture
Amour, résilience, joie, partage, liberté, sérénité…

En mode fermeture
Peur, défensive, repli sur soi, solitude, mal-être, tristesse…

Open ! Il suffit d'un « clic » à l'intérieur pour s'ouvrir. Une respiration, une pensée, un sourire, un regard, un geste, et hop, le cœur et l'esprit ouverts, nous pouvons laisser une tendresse nous envahir.

Puissé-je toujours me le rappeler…

Dans ce train qui défile à toute vitesse, je m'arrête sur un post Instagram de Sophie Fontanel[92] : « Y'a comme une envie, si on peut moins se voir, de s'appeler, de partager ce qu'on découvre, dans cette période d'apprentissage, de s'épauler [...]. Y'a comme l'idée de ne pas laisser les infos peupler notre solitude ni devenir LE monde, car le monde ne vient pas de l'extérieur, il est aussi notre douceur, le nid qu'est notre cœur, notre candeur, notre bonne volonté, et notre bonne humeur. Je n'étais déjà pas vindicative, mais je ressors de ces jours encore plus attendrie. *It means : we are able to learn from everything.* »

Tout est dit, Sophie. Merci. Vos mots auront inspiré ma conclusion. Pour nous éloigner du mode survie et installer plus d'harmonie dans ce « nid qu'est notre cœur », nous ne pouvons faire l'impasse sur le souci d'autrui et notre lien aux autres. Restons groupés et traversons ensemble en mode ouverture. Ensemble, on est plus fort, c'est bien connu. Alors, cultivons la gentillesse, c'est facile. Nourrissons-nous de belles choses, surfons sur le mouvement, trouvons de l'ouverture surtout dans la fermeture, et regardons la beauté du ciel...

À l'heure où j'écris ces lignes, dans ce train qui avance à toute vitesse, je ne sais pas ce que la vie me réserve. Covid ou pas, chaque jour est un grand saut dans le vide et l'inconnu. Mais chaque jour est aussi un renouveau, une renaissance et du possible. Réactivité, agilité et flexibilité. Tout est jouable et transformable, alors restons ouverts !

#beopen
#behappy !

92. Sophie Fontanel est une auteure et critique de mode passionnée et passionnante.

DES MILLIONS DE MERCIS...

Merci à vous toutes et vous tous qui remplissez mon cœur chaque jour et contribuez à le nourrir et à l'agrandir.

Merci aux Trois Joyaux. À mes maîtres spirituels, The 5th Dilyag Sabchu Rinpoché, The 5th Dongsang Shabdrung Rinpoche, His Holiness the 17th Gyalwa Karmapa, et Chomgyam Trungpa.

Merci tout spécial et éternel à Jean-Louis Servan-Schreiber. Mon plus bel exemple de sagesse et meilleur ami pour des vies et des vies. Merci à ta grande élégance de cœur et ton exceptionnelle noblesse d'âme. Merci pour m'avoir donné à vivre des millions de moments réussis au parfum d'éternité.

Merci à mes chers enfants Alexis et Anastasia-Lou qui, dès leurs premiers babillages, ont été mes premiers maîtres en ouverture de cœur XXL.

Merci à tous les trésors de cette vie…

À ma famille, Pascal Regen et Ursula Saint-Léger, Sung Eun Oh, Johana, Tamara et Ariane Saint-Léger.

À mes sœurs de cœur.

Merci à toutes d'être là et d'être si inspirantes…

Liz Van Gelder, ma complice d'une vie. Merci de tout cœur pour m'avoir toujours accompagnée et soutenue. Sans toi, je n'aurais pas pu me rouvrir aussi joliment dans les périodes les plus noires. Merci pour ton amour et ta grande loyauté.

Soïzic Michelot, merci ma glue d'incarner si magnifiquement l'intelligence de cœur et le courage d'aimer. D'aimer vraiment et de traverser toujours.

Monica Degli Esposti, ma Pompadoura, merci pour ta grâce, ton cœur tout en sensibilité et ta beauté.

Pascale Guerin, ma Calou chérie, merci pour ta pétillance, ton si joli cœur et ta finesse.

Charline Redin, ma capitaine adorée, merci pour ta beauté fatale, ta précieuse amitié et ton irrésistible humour.

Barbara Martin, ma petite sœur de cœur et une si grande dame de lumière.

Charlotte de Fouchier, Leslie Sawicka Namer, Annaik Dokhan, Doriam Chemcham, Hélène de Fougerolles, Kara Molinari, Luana Belmondo, Laura Massis, Élodie Dussarat, Audrey Di Pasquale… mes héroïnes adorées.

À Perla Servan-Schreiber, une grande dame et ma plus grande inspiratrice. Et plus largement à toute la famille Servan-Schreiber, qui incarne si joliment l'intelligence de cœur et d'esprit.

À ma complice et partenaire d'*INside by I*, Pauline Varoquaux.

À ma chère Mary Poppins, Sandrine Galtier de Saint-Christophe.

À mes fidèles hommes de cœur.

À Stéphane Ramezi, mon merveilleux compagnon de confinement et d'ouverture de cœur. #ensemble Merci pour la magie de La Léonière qui a accompagné l'écriture de ce livre avec ses écureuils, ses canards, ses hirondelles, ses arbres, ses fleurs, sa rivière…

À Xavier Couture, Marc Levy, Christophe Fauré, Maxime Rovère, Éric Primas, Olivier Jaillon, Pierre Maltaksi, Jeff Mangano, Stephane Beaudet… pour nourrir mon cœur d'amour et d'amitié.

Des mercis tous spéciaux pour Arnaud Riou et Abdennour Bidar pour m'avoir si généreusement éclairée sur l'ouverture intérieure.

À mes *helpers INside*, Lucas Sauvage et Laurent Aknin.

À tous les lieux refuges qui ont participé si douillettement à l'écriture d'*OPEN* :
La Léonière.
Le Café Beaubourg.
Le Pavillon de la Reine.
La jolie maison d'Ibiza.
Le doux refuge de Samsara.
La rue d'Aboukir.
La jolie maison de Barbizon.
Le joli refuge de Nice.
La maison du fond de l'impasse.
The huge terrasse of Antibes.
The huge Russel of Noting Hill.
Le joli refuge Copernic de Bruxelles.

Chez Dessange Bastille, le temps de remettre du soleil dans mes cheveux…

À Mère Nature, son énergie, ses saisons, sa beauté, sa bienveillance et ses bons soins. #gratitude

Au soleil qui me montre tous les jours la voie du flux de la vie, du renouveau et de l'amour.

Aux podcasts qui m'ouvrent le cœur et l'esprit : « Toute une vie », « Boomerang », « La Conversation scientifique », « Remède à la mélancolie », « La Compagnie des œuvres », « Une vie, une œuvre », « Les Chemins de la philosophie », « *Philosophy is sexy* », « Une philosophie pratique », « Change ma vie »…

À toute la précieuse équipe d'Albin Michel.

À Cécile Beaucourt.

À tous ceux qui œuvrent pour l'ouverture d'esprit et de cœur : les nombreuses associations, les penseurs, les philosophes, les scientifiques, les artistes, les poètes, les êtres de bien qui s'engagent chaque jour au retissage des liens à soi, aux autres et à l'environnement.

À Georges Mickael pour sa chanson *Jesus to a Child*, et toutes ses chansons. #openheart

À Lady Gaga pour sa fondation *Born this way*.

À l'Open Society Foundation de Georges Soros pour nous donner espoir…

Vous pouvez me rejoindre sur Instagram & Facebook en suivant mon compte éponyme, Isalou Regen, ainsi que celui de ma marque de vêtements offrant une nouvelle solution bien-être, *INside by I*. Quand la mode s'associe au développement personnel…

« Question de Pythagore : Pourquoi l'homme est-il sur terre ? La réponse : pour contempler le ciel. Si c'est vrai, la plupart des hommes ne le savent pas. La plupart se croient sur terre pour trouver l'amour, devenir riches, exercer un pouvoir, produire des points de croissance, ou laisser son empreinte dans les sables du temps.

Les gens qui se savent sur terre pour contempler le ciel, ils sont rares. Si on n'en fait pas soi-même partie, c'est une chance d'en connaître un, ça élargit l'horizon… »

Emmanuel Carrère[93]

93. Emmanuel Carrère, *Yoga*, P.O.L., 2020.

TABLE DES MATIÈRES

Ouvrage publié sous la direction d'Aurélie Starckmann

Textes : Isalou Regen
Editing : Cécile Beaucourt
Portrait de l'auteure en couverture : © Astrid di Crollalanza
Illustration de la couverture : © Adolie Day
Conception graphique et mise en pages : IGS-CP

Composition : IGS-CP
Impression : Normandie Roto s.a.s. en mars 2021
Éditions Albin Michel
22, rue Huyghens, 75014 Paris
www.albin-michel.fr

ISBN : 978-2-226-45764-6
N° d'édition : 24274/01 – N° d'impression : 2101278
Dépôt légal : avril 2021
Imprimé en France.